KB201496

당신의 하나님은 안녕하십니까?

저자: 황보태조

누구나 살아생전 꼭 한 번은 읽어보아야 할 책.

이것이 진정한 의미의 종교개혁이다

당신의 하나님은 안녕하십니까?

초판 1쇄 인쇄 • 2019년 11월 01일
지은이 • 황보태조
펴낸이 • 이승훈
펴낸곳 • 해드림출판사
주 소 • 서울 영등포구 경인로82길 3-4 (문래동1가 39)
       센터플러스빌딩 1004호 (우편07371)
전 화 • 02-2612-5552
팩 스 • 02-2688-5568
E-mail • jlee5059@hanmail.net

등록번호 • 제2013-000076
등록일자 • 2008년 9월 29일

ISBN 979-11-5634-364-6

당신의 하나님은 안녕하십니까?

황보태조 지음

누구나 살아생전 꼭 한 번은 읽어보아야 할 책,
이것이 진정한 의미의 종교개혁이다

해드림출판사

당신이 믿는 하나님은 어떤 분이십니까?

오늘날 대부분의 사람은, 하나님이 어떤 분이신지 그것은 알 수도 알 필요도 없다고 합니다.

사실, 이 명제는 무신론적인 진화론이 팽배한 오늘날 그렇게 주목받지 못하고 있습니다.

그 대신 대다수의 사람은 "어떻게 하면 내가 사는 날 동안 남보다 더 많은 돈을 벌까"에 온 신경을 쏟고 있습니다.

하지만

이렇게 돈과 권력에 올인하는 이생의 삶을 다시 돌아보게 되는 것은 우리의 생이 너무 짧다는 것이며 그 끝에 마주하게 되는 죽음이라는 이 현실을 누구도 피할 수 없다는 사실 때문일지도 모릅니다.

이 책은 그간 주류 종교인들의 가르침에 따라 짐작만 해온 신의 본성과 죽음의 본질을 아주 오래된 책 성경의 창을 통하여 다시 바라본 것입니다.

그러나 그중에는 아주 생소한 내용들도 많이 있을 것입니다.

하지만 이 책을 읽어 가는 동안 '신의 본성과 죽음의 본질'은 상당수 독자에게 아주 신선한 사실로 다가가리라 믿으며, 우리의 이생의 삶 또한 더 의미 있고 활기차리라 기대해봅니다.

이 책은 먼저 나의 아들딸들과 손주들을 생각하며 쓴 것입니다.

이런 이유로 내용 하나하나 더 철저히 살펴 기록하였으며 만에 하나 혼잡스러운 내용은 없는지 주의에 주의를 기울였습니다.

한편 이 책의 독자가 누구든 자신의 삶에 대하여 진지하게 생각해보신 분만이 읽어 보실 것을 권해드립니다.

2019년 10월
저자 황보태조

목차

시작하며 _ 당신이 믿는 하나님은 어떤 분이십니까?   4

1부. 당신의 하나님은 어떤 분이십니까?

당신의 하나님은 고문 기술자입니까?   13

이 아기의 사후는 어떻게 될까요?   17

구약 성경의 창을 통하여 바라본 사후 세계   21

그랬더라면 내가 생기지 않은 것과 같이 되어   25

주는 나를 스올에 감추시며   29

너는 흙이니 흙으로 돌아갈 것이니라   33

참 그리스도인은 사후 바로 천국으로 갈까요?   37

내일이면 죽을 터이니, 먹고 마시자 하리라   43

지옥(게헨나)—올바른 이해를 위하여   49

그런데 고대 배교한 이스라엘 사람 중에도 영혼 불멸을

믿은 사람이 있었던 것 같습니다   57

성경에는 상당히 어려운 내용도 있습니다   59

한 부자와 거지 나사로   65

영화 '레미제라블'   79

왜 그들은 '과'라는 글자를 읽지 못하지요   81

이는 소망 없는 이와 같이 않게 하려 함이라   83

어떤 진정제도 듣지 않는 환자가 있다고 합니다   85

하나님의 진실한 마음   87

장애를 가지신 분들과 어린아이에 대한 하나님의 배려   89

거짓 교리, 그 원류(源流)를 찾아서   93

2부. 예수님, 당신은 진짜 누구십니까?

하나님과 일체이신 예수님?   101

삼위일체의 정의   105

예수님, 당신은 진짜 누구십니까?   111

보내심을 받으신 분   115

아들 예수님은 온 인류를 다스리실 권한을
아버지 하나님으로부터 받으신 분이십니다   117

예수께서 힘쓰고 애써 더욱 간절히 기도하시니 땀이
땅에 떨어지는 핏방울같이 되더라   121

하나님께서 주님을 살리셨으니   123

그분 아드님은 하늘의 참 성소에서 아버지 하나님을
섬기시는 분이십니다   127

아들 예수님은 아버지 하나님을 경외하시는 분이십니다   129

우리가 하나가 된 것 같이   133

그 날은 오직 여호와만 아시는 날이다   135

나의 하나님, 어찌하여 나를 버리셨나이까?   139

아버지께서 나보다 위대하신 분이기 때문이다   145

미가엘, 예수님이신가?   147

예수님은 모든 피조물보다 먼저 나신
(the firstborn of every creature) 분이시다   149

"내가 아버지로 말미암아 사는 것 같이
나를 먹는 그 사람도 나로 말미암아 살리라"   151

빌립보 2장 6~7절, 예수님은 하나님의 본체이신가?   153

요한복음 1장 1절   155

하나님의 말씀을 받은 사람들을 신이라 하셨다   161

'성경 변개에 대하여'(아이작 뉴턴)   163

어떤 분은 디도서 2장 13절로 삼위일체를 주장하더군요   167

어떤 신학대학 교수의 저서를 읽고(삼위일체와 관련하여)　　169

내가 네 손을 잡아 너를 보호하며 너를 세워　　173

엘로힘, 삼위일체를 말하는가?　　175

이 성경 말씀, 모두가 당신의 눈에 거슬리십니까?　　181

무릇 너희를 죽이는 자가 생각하기를　　185

하나님 자신이 변신하시어 이 땅에 화목제물로 오셨는가?　　189

너희는 그리스도의 것이요 그리스도는 하나님의 것이니라　　191

예수님은 하나님의 의로운 종이십니다　　195

신약에서도 예수님은 하나님께서 택하신 종이십니다　　199

예수님의 재림 때 함께 오실 전능하신 하나님　　201

이정표 이야기　　207

성령, 전능하신 하나님이신가?　　209

성령의 인격성　　211

성령의 비인격성　　215

아버지와 아들, 한 분이 아니라 두 분이라는 증거　　217

삼위일체, 대속을 부인하는 교리　　219

사탄은 하나님에게 반역한 자, 아들 예수님은 순종하신 분　　221

나는 여호와가 모든 신보다 위대하신 분임을 알았다　　225

3부. 운명의 신을 섬기는 사람들

옛날 배교한 이스라엘 백성들도 운명의 신을 믿었습니다　　231

그들에게 재앙을 내리려 하던 뜻을 돌이키리라　　235

에스겔, 이 말씀은 어떻게 이해를 해야 하지요?　　239

내가 택한 사람보다 더 눈먼 사람이 없고,
나의 종보다 더 눈먼 사람이 없다　　241

하나님이 선택하신 솔로몬, 구원을 예정하셨는가?　　243

칼빈주의 5대 강령(예정론)의 모판이 되는 도르트신조?　　245

그를 믿는 자마다 멸망하지 않고 영생을 얻게 하려 하심이라 247

예레미야의 토기장이 비유와 로마서의 토기장이 비유 249

이게 님들이 최종적으로 내린 결론입니까? 255

4부. 진화론자가 말하는 진화?

리처드 도킨스의 자연 선택이란? 261

진화론, 또 하나의 신화? 269

나비의 일생, 몇 백 만년 진화의 산물인가? 273

나는 한 마리 짐승이다? 277

5부. 옛 고전에 나타난 신의 손가락

모세 오경을 읽고 283

6부. 오늘날 누가 진정 참 하나님의 백성인가?

오늘날 누가 진정 '참 하나님'의 백성인가? 297

가족 교회로 시작한 하나님의 사람들 299

'광야 교회' 사람들 303

광야 교회의 숭배와 조직적 배교 305

사사 시대 하나님의 사람들 307

왕조 시대 하나님의 사람들 311

이스라엘이 두 나라로 갈라졌어도 믿음의 사람들은 있었습니다 313

신약시대 하나님의 사람들 321

두세 사람이 내 이름으로 모인 곳에는 나도 그들 중에 있느니라 329

진짜 하나님의 교회 335

누가 진짜 오른 편 양인가? 339

마치면서 _한 명이라도 있는지 찾아보아라 **341**

1부. 당신의 하나님은 어떤 분이십니까?

당신의 하나님은 고문 기술자입니까?

이 얼마나 불경스러운 질문입니까?

특히 오늘날 이 땅에 살고 있는 주류 기독교인에게 더 그러할 것입니다.

'어느 날 한 아버지가 어디론가 사라졌습니다. 그 아버지는 어떤 범죄에 연루(連累)되었다고 합니다. 그 일로 나라의 비밀경찰이 그의 어린 아들을 대신 잡아다 지하 감옥에 감금하고는 아버지의 행방을 대라며 매일 같이 고문을 하고 있습니다.'

우리가 살고 있는 이 땅에서 아직 이런 소문은 듣지 못하였습니다.

그러나 만약 이런 일이 실제로 있다면 우리 모두는 이런 불법을 행하는 자들과 이를 명령(암묵적으로)한 자에게 말할 수 없는 분노를 느낄 것입니다.

그런데 이건 정말 엉뚱한 소리 같지만, 오늘도 우리는 부모의 죄로 말미암아 철모르는 그의 어린 자식들이 지하 감옥에 갇혀 말할 수 없는 고초를 받고 있다는 소식을 매일 같이 듣고 있습니다.

이 무슨 생뚱맞은 소리냐고요?

그러나 이것은 사실입니다.

이것은 소위 주류 기독교에서 말하는 '지옥불 교리'로, 부모가 불신자이면 그의 죽은 어린 자식은 지옥이라는 지하 감옥에 갇혀 매일 같이 불의 고초(고문)를 받게 된다는 것입니다.

예수 = 천국

불신 = 지옥

이런 팻말, 너무나 자주 보셨을 것입니다.

이 교리는 그들의 교리집 도르트 신조 제17조에 분명히 기록되어 있습니다.

(인터넷에서 '도르트 신조 제17조' 검색해보시기 바랍니다.)

그럼 그들이 지목하는 이 아이들이 실제로 누구인지 한 번 살펴보겠습니다.

계모로부터 애완견 목줄에 묶여 있다가 잘못 목이 졸린 채 질식되어 죽은 가여운 아기(3살)(국민일보 2017년 7월 17일)

부모의 손에 의해 겨울의 차디찬 한강에 내던져진 어떤 남매(경향신문 2013년 12월 21일)

친아버지와 계모로부터 학대를 받고 화장실에서 죽은 일곱 살배기 불쌍한 우리의 원영이(국민일보 2016년 3월 12일)

40도 가까운 여름 무더위에 유치원 통학버스에 갇혀 질식사한 어떤 아기

한 명 한 명, 너무나 가슴 아픈 사연이 아닐 수 없습니다.
이 아이들,
얼마나 무서웠을까?
얼마나 추웠을까?
얼마나 더웠을까?

하지만, 이 나라의 주류 기독교인 중에는 어느 누구 한 사람 이 아기들이 사후 지하 감옥에서 겪게 될 끝이 없는(영원한 고통) 고초에 대해선 손톱만큼의 연민이나 의문을 가지는 사람은 없습니다.

그러고는 주일이 되면 교회에 가서 자신들의 죄에 대해서는 한없는 자비를 구하며 동시에 건강과 재물 복을 달라며 기도하며 십일조를 바칩니다.

그것도 우리나라 인구 5천만 중 천만이 넘는 사람들이….

이뿐이 아닙니다. 그들의 교직자들은 아무런 고민 없이 '이건 변할 수 없는 진리'라고 말하며 어쨌든 자신들의 '하나님은 한없이 사랑이 많으신 분이라' 가르치고 있습니다.

이 글을 읽는 당신도 이런 사람입니까?

그러나 단 한 번만이라도 당신의 가슴에 손을 대고 물어보십시오.

'이것이 진정 사랑의 하나님이 하실 수 있는 일일까?'

그들의 주장대로라면 이 어린 아기들은 살아생전의 의식 그대로, 감각 그대로 이글거리는 지옥에 분명히 들어갔을 것입니다.

이 세상의 '고문 기술자'는 고문 중 잘못 사람을 죽이는 경우가 종종 있습니다.

하지만 이들의 전능하신 신에게 그런 일은 절대로 없을 것입니다.

더는 죽이지도 기절시키지도 않고 세세토록 고통을 주는 그 기술…….

이게 사실이라면 이 신은 정말 이 세상 어느 누구도 감히 따라갈 수 없는 최고의 고문 기술자 같지 않습니까

진정 당신의 하나님도 이런 고문 기술자입니까?

이 아기의 사후는 어떻게 될까요?

2015년 9월 3일

우리 모두의 가슴을 너무나 아프게 하는 뉴스를 TV를 통해 보았습니다.

AP통신 제공

이 사진은 올해 겨우 3살짜리 시리아의 아기 쿠르디의 모습입니다.

그는 당시 내전을 피하여 시리아에서 유럽으로 향한 조그마한 보트에 엄마와 함께 타고 있었습니다.

그러나 그는 유럽 땅을 밟아 보지도 못하고 보트가 뒤집히는 바람에 이렇게 터키의 한 바닷가에 시신으로 떠밀려 왔습니다.

이렇게 그는 이 세상과 이별하고 말았습니다.

현지 시각 2015년 9월 2일에 있었던 일입니다.

그의 엄마와 두 살 위인 형도 당시 실종된 상태였습니다.

AP통신은 이 아이를 발견하고 '현장의 모든 이들은 눈물을 쏟아낼 수밖에 없었다.'고 전 세계에 전하였습니다. 그토록 거친 파도에도 그의 발에는 신발이 그대로 신겨 있었습니다(국민일보 2015년 9월 3일).

저는 올해(2015년)로 70 노인입니다.

내 나이 5살 때 할머니 등에 업혀 가는 피난길에서 6·25전쟁을 경험한 세대입니다.

이 기회에 전쟁의 참상을 말하려고 하는 것은 아닙니다.

그러나 이 세상에 살고 있는 한 사람 기독교인으로 이 아이와 관련하여 꼭 이것만은 물어보고 싶은 게 있습니다.

이것이 이 책을 쓰게 된 이유이기도 합니다.

이 아이는 회교도의 자식입니다.

당신은 기독교 신자입니까?

그렇다면 이 불쌍한 아이의 사후는 어떻게 될까요?

이 질문에 대한 답으로 대부분의 주류 기독인들은, '이 아이에게는 이 세상의 그 어떤 참혹함보다 수천 배 더 혹독한 내세가 기다리고 있다.'고 말할 것입니다.

그들은 이 세상에서 부모 잘못 만난 이유만으로 이루 '말할 수 없는 고초의 장소, 지옥에 들어갔을 것'이라 믿고 있습니다.

하지만 이런 참혹한 현실에는 언제나 눈물을 쏟고 있습니다.

오늘 이 사진 한 장을 계기로 우리가 그간 얼마나 인지부조화(認知不調和)한 삶을 살아왔는지 한 번쯤 되돌아보지 않으시겠습니까?

진정 당신이 믿는 하나님은 어떤 분이십니까?

구약 성경의 창을 통하여 바라본 사후 세계

저는 70 평생을 살아오면서 무신론자들을 많이 만나 보았습니다.

그런데 그들이 그렇게 믿게 된 이유는 상당 부분 기독교 교직자들의 잘못된 성경 해석과 설교 때문이란 생각이 들었습니다.

특히 지옥불 교리가 그 요인 중 하나가 아니었나 생각합니다.

참으로 하나님께서는, 기독교 교직자들이 설교하는 바와 같이 죽은 불신자들을 모두 지옥이라는 영원한 고초의 장소에 보낼까?

이제부터 이 문제를 주류 기독교인들이 하나님의 말씀이라 믿고 있는 바로 그 성경을 통하여 살펴보시겠습니다.

먼저 구약 성경 욥기 3장입니다.

1. 드디어 욥은 침묵을 깨뜨리고 입을 열어 자기가 태어난 날을 저주하며

2. 이렇게 외쳤다.

3. "내가 태어난 날이여, 저주를 받아라. 내가 임신이 되던 그 밤도 저주를 받아라.

4. 그 날이여, 영원히 자취를 감추어 버리고 하나님의 기억에서 사라져 버려라. 빛이여, 다시는 그 위에 비치지 말아다오.

5. 흑암아, 사망의 그늘아, 그 날을 너의 것이라고 주장하여라. 구름아, 그 위를 덮어 빛이 비치지 않게 하여라.

6. 그 밤이여, 짙은 어두움에 휩싸여 버리고 달력에서도 삭제되어 그 해의 달과 일수에 계산되지 말아라.

7. 차라리 그 밤이 적적하고 기쁨의 소리가 들리지 않았더라면 더 좋을 뻔하였다.

8. 날을 저주하는 데 익숙한 자들아, 그 밤을 저주하여라.

9. 그 날 밤은 새벽 별도 빛을 내지 말고 기다리던 빛도 나타나지 말며 아침 동녘도 보이지 않았더라면 좋았을 걸.

10. 나를 태어나게 하여 이처럼 큰 슬픔을 당하게 한 그 날을 저주하고 싶구나!

11. "내가 어머니 뱃속에서 **태어날 때 차라리 죽었더라면 좋았을 걸!**

12. 어째서 어머니가 나를 무릎에 받아 젖을 빨게 하였는가?

13. 내가 그때 죽었더라면 **지금쯤은 평안히 잠들어 쉬고 있을 텐데.**

14. 그것도 으리으리한

15. 궁전을 짓고 살던 고대 왕들과 고관들, 그리고 금은보화로 집을 채운 **황태자들과 함께 있을 것이 아니겠는가!**

16. 내가 그때 죽었더라면 죽어서 나와 세상 빛을 보지 못한 아이처럼 땅 속에 묻혀 있을 것이 아니겠는가!

17. **그 곳은** 악한 자들이 말썽을 부리지 못하고 피곤한 자들이 쉴 수 있는 곳,

18. **죄수들까지도 평안을 누리고** 포학한 간수들의 간섭을 받지 않는 곳,

19. **그 곳은 높고 낮은 자의 차별이 없고 종이 주인에게서 해방되는** 곳이다.

20. "어째서 고난당한 자에게 빛을 주고, 마음이 괴로운 자에게 생명을 주었는가?

21. 이런 자들은 죽기를 기다리고 감추인 보화를 찾는 것보다 더 간절히 죽음을 찾아도 그것이 오지 않는구나!

22. 이들은 죽어서 땅 속에 묻혀야만 행복한 사람들이 아닌가?

[현대인의 성경]

이 글, 어떤 무신론자 혹은 허무주의자의 생각을 옮긴 것 같지 않습니까?

하지만 이 내용은 그 옛날 이스라엘의 하나님께서 의인이라 부르신 욥이란 사람의 말로서, 구약 성경 욥기를 그대로 옮겨온 것입니다.

그러나 오늘날 많은 종교인에겐 너무나 생소한 말일 것입니다.

아마 대부분의 기독교 신자들은 인간의 사후에 대하여 성경이 이렇게 말하고 있다는 사실조차도 모르고 있을 것입니다.

이제 어떤 선입견도 갖지 말고 그냥 편안한 마음으로 다시 한번 읽어 보십시오.

(저는 할 수만 있다면 성경 인용문에 부연 설명을 자제하려고 합니다)

그 곳은 악한 자들이 말썽을 부리지 못하고 피곤한 자들이 쉴 수 있는 곳,

죄수들까지도 평안을 누리고 포학한 간수들의 간섭을 받지 않는 곳,

그 곳은 높고 낮은 자의 차별이 없고 종이 주인에게서 해방되는 곳이다.

어째서 고난당한 자에게 빛을 주고, 마음이 괴로운 자에게 생명을 주었는가?

이런 자들은 죽기를 기다리고 감추인 보화를 찾는 것보다 더 간절히 죽음을 찾아도 그것이 오지 않는구나!

이들은 죽어서 땅 속에 묻혀야만 행복한 사람들이 아닌가?

[욥기 3:17~22]

그랬더라면 내가 생기지 않은 것과 같이 되어

아래 내용도 주의 깊게 살펴보시기 바랍니다.
이번에는 성경 욥기 10장입니다.

1. "나는 삶에 지쳐 버렸다. 마음껏 불평도 해 보고 내 영혼의 괴로움을 털어놓아야겠다.

2. 내가 하나님께 말하리라. '하나님이시여, 나를 죄인으로 단정하지 마시고 무엇 때문에 나를 죄인 취급하시는지 말씀해 주소서.

3. 주의 손으로 직접 만드신 나는 학대하시고 멸시하시면서 악인의 책략을 너그럽게 보시는 것이 옳은 일이십니까?

4. 주께서는 육신의 눈을 가지셨습니까? 어째서 사람이 보듯이 보십니까?

5. 주의 날이 인생의 날처럼 짧습니까?

6. 무엇 때문에 주께서는 내 허물을 찾고 내 죄를 꼬치꼬치 밝혀내시려고 하십니까?

7. 주는 나에게 죄가 없는 것도 아시고 주의 손에서 나를 벗어나게 할

자도 없다는 것을 잘 알고 계시지 않습니까?

8. "주의 손으로 나를 빚어 만드시고 이제는 오히려 나를 없애 버릴 작정이십니까?

9. 주여, **나를 흙으로 만드신 것을 기억하소서.** 주께서는 나를 다시 티끌로 돌려보내시려고 하십니까?

10. 주는 나를 우유처럼 쏟아 부으시고 치즈처럼 굳게 하셨습니다.

11. 그러고서 나를 살과 가죽으로 입히시고 뼈와 힘줄로 얽어매셨으며

12. 나에게 생명을 주시고 사랑을 베푸셔서 주의 보살핌으로 내 영을 지키셨습니다.

13. "그러나 나는 주께서 나를 지켜보시다가 만일 내가 범죄하면 나를 죄인으로 인정하여 용서하지 않으실 것을 알고 있습니다.

14. (13절과 같음)

15. 내가 만일 악하다면 나에게 화가 미칠 것이지만 죄가 없다고 해도 내가 머리를 들 수 없는 것은 내가 수치감에 빠져 내 고통을 의식하기 때문입니다.

16. 내가 머리를 치켜들면 주께서는 사자처럼 나를 덮쳐 무서운 위력을 다시 나타내십니다.

17. 주께서 증인을 번갈아 세워 나를 괴롭게 하시며 나에게 대한 분노를 점점 더하시니 군대가 번갈아 나를 치는 것 같습니다.

18. "그런데 주께서는 무엇 때문에 나를 태어나게 하셨습니까? 내가 차라리 아무도 보기 **전에 죽었으면 좋을 뻔하였습니다.**

19. 그랬더라면 내가 생기지 않은 것과 같이 되어 태에서 바로 무덤으로 가고 말았을 것입니다. [현대인의 성경]

이 내용도 구약 성경에서 동방의 의인으로 소개된 욥의 내세관을 그대로 옮겨온 것입니다. 그 내용 중 핵심은 욥기 10장 18, 19절이 아닌가 생각합니다.

"그런데 주께서는 무엇 때문에 나를 태어나게 하셨습니까? 내가 차라리 아무도 보기 전에 죽었으면 좋을 뻔하였습니다.
그랬더라면 내가 생기지 않은 것과 같이 되어 태에서 바로 무덤으로 가고 말았을 것입니다."

이 말속에는 사후 욥이 천국이라는 극락의 세계에 갈 것이란 어떤 암시도 담고 있지 않습니다.
그 의미의 핵심은 말 그대로 생기기 전의 상태 곧 없어지게 된다는 말이 아닌가 생각합니다.

이 말도 마치 오늘날 어떤 허무주의자가 한 말 같지 않습니까?
하지만 이 말 역시 기독인들이 하나님의 말씀이라고 믿고 있는 성경이 설명하는 우리 인간의 사후 세계입니다.
그런데 어떤 믿음 좋은(?) 사람은 여기까지만 읽고 '내가 사탄의 시험에 들지 않았나?' 하고는 더 이상 이 성경 말씀조차 보지 않으려고 할지 모릅니다.

그러나 이상 인용한 내용은 절대로 필자의 생각을 적은 건 아닙니다.

이뿐만 아니라 어떤 무신론자의 말을 따온 것도 아닌, 성경 그대로 옮겨온 것으로, 직접 성경을 찾아 다시 확인해 보시기 바랍니다.

꼭 그렇게 해 주십시오.

주는 나를 스올에 감추시며

다시 구약 성경 욥기 14장입니다.

어떤 편견도 갖지 마시고 있는 그대로 읽어보시기 바랍니다.

1. 여인에게서 난 사람은 사는 날이 적고 괴로움이 가득하며

2. 그 발생함이 꽃과 같아서 쇠하여지고 그림자 같이 신속하여서 머물지 아니하거늘

3. 이와 같은 자를 주께서 눈을 들어 살피시나이까? 나를 주의 앞으로 이끌어서 심문하시나이까?

4. 누가 깨끗한 것을 더러운 것 가운데서 낼 수 있으리이까 하나도 없나이다.

5. 그 날을 정하셨고 그 달 수도 주께 있으므로 그 제한을 정하여 넘어가지 못하게 하셨사온즉

6. 그에게서 눈을 돌이켜 그로 쉬게 하사 품군 같이 그 날을 마치게 하옵소서

7. 나무는 소망이 있나니 찍힐찌라도 다시 움이 나서 연한 가지가 끊

이지 아니하며

8. 그 뿌리가 땅에서 늙고 줄기가 흙에서 죽을찌라도

9. 물 기운에 움이 돋고 가지가 발하여 새로 심은 것과 같거니와

10. 사람은 죽으면 소멸되나니 그 기운이 끊어진즉 그가 어디 있느뇨

11. 물이 바다에서 줄어지고 하수가 잦아서 마름 같이

12. 사람이 누우면 다시 일어나지 못하고 하늘이 없어지기까지 눈을 뜨지 못하며 잠을 깨지 못하느니라

13. 주는 나를 스올(개역한글 : 음부)에 감추시며 주의 진노가 쉴 때까지 나를 숨기시고 나를 위하여 기한을 정하시고 나를 기억하옵소서

14. 사람이 죽으면 어찌 다시 살리이까 나는 나의 싸우는 모든 날 동안을 참고 **놓이기를 기다렸겠나이다.**

15. 주께서는 나를 부르셨겠고 나는 대답하였겠나이다. 주께서는 주의 손으로 지으신 것을 아껴 보셨겠나이다

16. 그러하온데 이제 주께서 나의 걸음을 세시오니 나의 죄를 살피지 아니하시나이까

17. 내 허물을 주머니에 봉하시고 내 죄악을 싸매시나이다.

18. 무너지는 산은 정녕 흩어지고 바위는 그 자리에서 옮겨가고

19. 물은 돌을 닳게 하고 넘치는 물은 땅의 티끌을 씻어 버리나이다. 이와 같이 주께서는 사람의 소망을 끊으시나이다

[욥기 14장 개역 개정]

이 성경 말씀 중 특히 스올이란 곳에 주목해 주셨으면 합니다.

이곳도 앞 욥기 3장의 내용과 같은 의미로 읽히지 않습니까?

이곳은 욥이란 사람이 당시 당하고 있던 극심한 육체의 고통으로부터 해방되는 장소로 (하나님이 재차 부르실 때까지 잠시 숨을 수 있는 곳으로), 결코 극심한 고초의 장소로 읽히지는 않습니다.

이런 내용이 성경에 있다는 사실을 처음 알았을 때 저 역시 얼마나 놀랐는지 모릅니다. 그리고 바로 드는 의문은, '왜 그 많은 신학자와 교직자들은 이런 내용을 모를까?'

그리고 혹 내가 잘못 이해를 한 게 아닐까 수십 번을 다시 읽어 보았습니다.

그 후 수십 년이 흘렀습니다.

그러나 내게 달라진 건 아무것도 없었습니다.

너는 흙이니 흙으로 돌아갈 것이니라

이제 다시 성경 최초의 기록 창세기를 살펴보시겠습니다.

오늘날 상당수의 지식인은 성경 창세기의 기록을 고대 이스라엘 사람들이 지어낸 한 편의 신화라고 생각합니다. 심지어 일부이긴 하나 기독교 교직자들까지도 그렇게 생각하시는 분들이 있습니다.

그러나 그들이 창세기의 기록에 대하여 무엇이라고 믿든 한 가지 사실엔 분명히 동의하실 것입니다.

'성경 창세기는 고대 이스라엘 사람들의 세계관과 인생관을 반영한 기록'이라는 것입니다

이 부분 창세기 3장입니다.

1. 그런데 뱀은 여호와 하나님이 지으신 들짐승 중에 가장 간교하니

라 뱀이 여자에게 물어 이르되 하나님이 참으로 너희에게 동산 모든 나무의 열매를 먹지 말라 하시더냐

2. 여자가 뱀에게 말하되 동산 나무의 열매를 우리가 먹을 수 있으나

3. 동산 중앙에 있는 나무의 열매는 하나님의 말씀에 너희는 먹지도 말고 만지지도 말라 너희가 죽을까 하노라 하셨느니라

4. 뱀이 여자에게 이르되 너희가 결코 죽지 아니하리라

5. 너희가 그것을 먹는 날에는 너희 눈이 밝아져 하나님과 같이 되어 선악을 알 줄 하나님이 아심이니라

6. 여자가 그 나무를 본즉 먹음직도 하고 보암직도 하고 지혜롭게 할 만큼 탐스럽기도 한 나무인지라 여자가 그 열매를 따먹고 자기와 함께 있는 남편에게도 주매 그도 먹은지라

7. 이에 그들의 눈이 밝아져 자기들이 벗은 줄을 알고 무화과나무 잎을 엮어 치마로 삼았더라

8. 그들이 그 날 바람이 불 때 동산에 거니시는 여호와 하나님의 소리를 듣고 아담과 그의 아내가 여호와 하나님의 낯을 피하여 동산 나무 사이에 숨은지라

9. 여호와 하나님이 아담을 부르시며 그에게 이르시되 네가 어디 있느냐

10. 이르되 내가 동산에서 하나님의 소리를 듣고 내가 벗었으므로 두려워하여 숨었나이다

11. 이르시되 누가 너의 벗었음을 네게 알렸느냐 내가 네게 먹지 말라 명한 그 나무 열매를 네가 먹었느냐

12. 아담이 이르되 하나님이 주셔서 나와 함께 있게 하신 여자 그가 그 나무 열매를 내게 주므로 내가 먹었나이다

13. 여호와 하나님이 여자에게 이르시되 네가 어찌하여 이렇게 하였느냐 여자가 이르되 뱀이 나를 꾀므로 내가 먹었나이다.

14. 여호와 하나님이 뱀에게 이르시되 네가 이렇게 하였으니 네가 모든 가축과 들의 모든 짐승보다 더욱 저주를 받아 배로 다니고 살아 있는 동안 흙을 먹을지니라

15. 내가 너로 여자와 원수가 되게 하고 네 후손도 여자의 후손과 원수가 되게 하리니 여자의 후손은 네 머리를 상하게 할 것이요 너는 그의 발꿈치를 상하게 할 것이니라 하시고

16. 또 여자에게 이르시되 내가 네게 임신하는 고통을 크게 더하리니 네가 수고하고 자식을 낳을 것이며 너는 남편을 원하고 남편은 너를 다스릴 것이니라 하시고

17. 아담에게 이르시되 네가 네 아내의 말을 듣고 내가 네게 먹지 말라 한 나무의 열매를 먹었은즉 땅은 너로 말미암아 저주를 받고 너는 네 평생에 수고하여야 그 소산을 먹으리라

18. 땅이 네게 가시덤불과 엉겅퀴를 낼 것이라 네가 먹을 것은 밭의 채소인즉

19. **네가 흙으로 돌아 갈 때까지 얼굴에 땀을 흘려야 먹을 것을 먹으리니 네가 그것에서 취함을 입었음이라 너는 흙이니 흙으로 돌아갈 것이니라 하시니라.**

(별도 표기가 없는 성구는 모두 [개역한글]에서 인용하였습니다)

이처럼 이스라엘 사람들의 삶과 죽음을 더 명료하게 표현된 곳도 없을 것입니다.

우리는 이 성경 창세기의 기록에서, 인간 사후에 다른 세계 곧 천당과 지옥이라는 이름의 내세가 있을 것이란 어떤 암시도 받지 못하고 있습니다.

아니면 그중간 단계인 연옥이라는 다른 장소가 있다는 내용도 읽을 수 없습니다.

이 성구는, 인간 존재란 이 세상에 창조되기 전 한 줌의 흙이었다는 사실과 호흡이 끊어지면 다시 그 흙으로 되돌아간다는 사실을 분명히 하고 있을 뿐입니다.

아무리 다시 읽어 보아도 인간은 무(無)에서 왔다가 다시 그 무로 돌아간다는 내용 이외 그 어떤 것도 상상할 수가 없습니다.

이 말씀에 첨가할 다른 무슨 말이 더 필요하지요?

참 그리스도인은 사후 바로 천국으로 갈까요?

우리는 지금까지 구약 시대 이스라엘 사람들의 내세관에 대하여 살펴보았습니다.

그리고 그들의 하나님은 어떤 분이신지를 알아보았습니다.

다시 말씀드리지만 저는 할 수만 있다면 여기 소개된 성구와 관련하여 부가적 설명을 자제하려고 합니다.

앞뒤 좀 많은 듯한 인용 성구들이 저의 설명보다 더 쉽게 본 내용을 이해할 수 있도록 도와주고 있기 때문입니다.

그럼 이제부터 신약 시대 그리스도인은 사후 세계를 어떻게 생각하고 있었는지 살펴보겠습니다.

먼저 사도 바울의 편지 빌립보서 3장입니다.

1. 형제 여러분, 마지막으로 말합니다. 주님 안에서 기뻐하십시오. 여

러분에게 같은 말을 다시 쓰는 것이 내게는 귀찮은 일이 아닙니다. 이렇게 하는 것이 오히려 여러분에게 안전합니다.

2. 포피를 베어 할례한 것을 자랑하며 악을 행하는 개 같은 자들을 주의하십시오.

3. 하나님의 성령으로 예배하고 그리스도 예수님을 자랑하며 육적인 것을 신뢰하지 않는 우리가 참 할례를 받은 사람입니다.

4. 사실 나도 육적인 것을 신뢰할 수 있습니다. 만일 다른 사람이 육적인 것을 신뢰할 만한 이유가 있다고 생각한다면 나는 더욱 그렇습니다.

5. 나는 태어난 지 8일 만에 할례를 받았고 베냐민 지파에 속한 순수한 이스라엘 사람이며 히브리인 중의 히브리인입니다. 그리고 율법을 철저히 지키는 바리새파 사람이었고

6. 교회를 박해하기까지 한 열심을 가졌으며 율법에 비추어 보아도 흠이 없는 사람이었습니다.

7. 그러나 내게 유익하던 그 모든 것을 나는 그리스도를 위해 다 버렸습니다.

8. 더구나 내가 모든 것을 잃어버린 것처럼 여기는 것은 내 주 그리스도 예수님을 아는 지식이 훨씬 더 가치가 있기 때문입니다. 나는 그리스도를 위해 모든 것을 잃어버렸습니다. 내가 그 모든 것을 쓰레기처럼 여기는 것은 그리스도를 얻고

9. 그분과 완전히 하나가 되기 위한 것입니다. 이제 나는 율법을 지켜서 내 스스로 의롭게 된 것이 아니라 그리스도를 믿음으로 의롭게 되었습니다. 이 의는 어디까지나 믿음에 근거한 것이며 하나님이 주신 것입

니다.

10. 내가 원하는 것은 그리스도를 바로 알고 그분의 부활의 능력을 체험하며 그분의 고난에 참여하고 그분의 죽음을 본받아

11. **어떻게 해서든 나도 부활하는 것입니다.**

12. 내가 이 모든 것을 이미 얻었다는 것도 아니며 완전해졌다는 것도 아닙니다. 다만 그리스도 예수님이 나를 위해 마련하신 상을 받으려고 계속 달려가고 있습니다.

13. 형제 여러분, 나는 그것을 이미 얻었다고 생각하지 않습니다. 그러나 한 가지 일만은 분명히 하고 있습니다. 즉 뒤에 있는 것은 잊어버리고 앞에 있는 것을 잡으려고

14. 그리스도 예수님 안에서 하나님이 위에서 나를 부르신 부름의 상을 얻으려고 목표를 향해 달려가고 있습니다.

15. 그러므로 믿음이 성숙한 사람들은 **모두 이와 같은 생각으로 살아야 합니다.** 만일 여러분이 나와 다른 생각을 가지고 있다면 하나님은 그것도 분명하게 바로 가르쳐 주실 것입니다.

16. 우리가 어느 정도의 수준에 도달했든지 지금까지 따른 법칙에 따라 계속 그대로 살도록 합시다.

17. 형제 여러분, **여러분은 나를 본받으십시오.** 그리고 우리를 본받아 생활하는 사람들을 지켜 보십시오.

18. 여러분에게 내가 여러 번 말했고 이제도 눈물을 흘리며 말하지만 많은 사람들이 그리스도의 십자가의 원수가 되어 살고 있습니다.

19. **그들의 마지막은 멸망입니다.** 그들은 육체의 욕망을 자기들의 신

으로 삼고 수치를 영광으로 알며 **세상적인 일만 생각합니다.**

20. 그러나 우리의 시민권은 하늘에 있습니다. 그리고 우리는 우리의 구주이신 주 예수 그리스도께서 **그 곳에서 다시 오실 것을 기다리고 있습니다.**

21. 그분이 오시면 모든 것을 자기에게 복종시키실 수 있는 그 능력으로 우리의 천한 몸을 변화시켜 자기의 영광스러운 몸과 같게 하실 것입니다. [현대인의 성경]

오늘날 주류 기독교 교직자 대부분은 '참 그리스도인은 죽으면 그 순간 바로 천국에 갈 것이라'고 가르치고 있습니다.

그리고 나머지 사람들은 '지옥이란 곳에 즉시 들어갈 것'이라고 합니다.

그러나 기원 일세기 성경 필자 중 한 사람인 사도 바울은 '사람이 죽으면 바로 천국에 갈 것'이라고 믿지 않았습니다.

대신 마지막 날 예수님의 재림 시 부활을 통하여 천국에 갈 것을 소망하였습니다.

[고린도전서 15:51]

보라 내가 너희에게 비밀을 말하노니 우리가 다 잠잘 것이 아니요 마지막 나팔에 순식간에 홀연히 다 변화하리니

이런 사도 바울의 가르침은 오늘날 대부분의 기독교 신자들이

믿는 신앙과는 너무나 큰 차이가 있습니다.

'우리의 시민권은 하늘에 있습니다.' 아멘입니다.

그러나 그곳은 사후 바로 가는 곳이 아니라 예수 그리스도의 재림 때 (부활을 통하여) 있게 될 것입니다.

이것이 일세기 당시 사도들의 신앙이요, 오늘날 우리 그리스도인들이 계승해야 할 올바른 믿음 아닐까요?

내일이면 죽을 터이니, 먹고 마시자 하리라

이 외에도 사도 바울은 주 예수 그리스도의 재림 때에 있을 일과 관련하여 다음과 같은 말씀을 하셨습니다.

아래 성구는 고린도전서 15장입니다.
주의 깊게 읽어 보시기 바랍니다.

그리스도의 부활

1. 형제들아 내가 너희에게 전한 복음을 너희에게 알게 하노니 이는 너희가 받은 것이요 또 그 가운데 선 것이라

2. 너희가 만일 내가 전한 그 말을 굳게 지키고 헛되이 믿지 아니하였으면 그로 말미암아 구원을 받으리라

3. 내가 받은 것을 먼저 너희에게 전하였노니 이는 성경대로 그리스도께서 우리 죄를 위하여 죽으시고

4. 장사 지낸 바 되셨다가 성경대로 사흘 만에 다시 살아나사

5. 게바에게 보이시고 후에 열두 제자에게와

6. 그 후에 오백여 형제에게 일시에 보이셨나니 그중에 지금까지 대다수는 살아 있고 어떤 사람은 잠들었으며

7. 그 후에 야고보에게 보이셨으며 그 후에 모든 사도에게와

8. 맨 나중에 만삭되지 못하여 난 자 같은 내게도 보이셨느니라

9. 나는 사도 중에 가장 작은 자라. 나는 하나님의 교회를 박해하였으므로 사도라 칭함 받기를 감당하지 못할 자니라.

10. 그러나 내가 나 된 것은 하나님의 은혜로 된 것이니 내게 주신 그의 은혜가 헛되지 아니하여 내가 모든 사도보다 더 많이 수고하였으나 내가 한 것이 아니요 오직 나와 함께 하신 하나님의 은혜로라.

11. 그러므로 나나 그들이나 이같이 전파하매 너희도 이같이 믿었느니라.

죽은 사람의 부활

12. 그리스도께서 죽은 자 가운데서 다시 살아나셨다 전파되었거늘 너희 중에서 어떤 사람들은 어찌하여 죽은 자 가운데서 부활이 없다 하느냐?

13. 만일 죽은 자의 부활이 없으면 그리스도도 다시 살아나지 못하셨으리라

14. 그리스도께서 만일 다시 살아나지 못하셨으면 우리가 전파하는

것도 헛것이요 또 너희 믿음도 헛것이며

15. 또 우리가 하나님의 거짓 증인으로 발견되리니 우리가 하나님이 그리스도를 다시 살리셨다고 증언하였음이라 만일 죽은 자가 다시 살아나는 일이 없으면 하나님이 그리스도를 다시 살리지 아니하셨으리라

16. 만일 죽은 자가 다시 살아나는 일이 없으면 그리스도도 다시 살아나신 일이 없었을 터이요

17. 그리스도께서 다시 살아나신 일이 없으면 너희의 믿음도 헛되고 너희가 여전히 죄 가운데 있을 것이요

18. 또한 그리스도 안에서 잠자는 자도 망하였으리니

19. 만일 그리스도 안에서 우리가 바라는 것이 다만 **이 세상의 삶뿐이**면 모든 사람 가운데 우리가 더욱 불쌍한 자이리라

20. 그러나 이제 그리스도께서 죽은 자 가운데서 다시 살아나사 잠자는 자들의 첫 열매가 되셨도다.

21. 사망이 한 사람으로 말미암았으니 죽은 자의 부활도 한 사람으로 말미암는도다

22. 아담 안에서 모든 사람이 죽은 것 같이 그리스도 안에서 모든 사람이 삶을 얻으리라

23. 그러나 각각 자기 **차례대로** 되니니 먼저는 **첫 열매인 그리스도요** 다음에는 **그가 강림하실 때에 그리스도에게 속한 자요**

24. 그 후에는 마지막이니 그가 모든 통치와 모든 권세와 능력을 멸하시고 나라를 아버지 하나님께 바칠 때라

(…중략…)

아래는 새번역입니다.

32. 내가 에베소에서 맹수와 싸웠다고 하더라도, 인간적인 동기에서 한 것이라면, 그것이 나에게 무슨 유익이 되겠습니까?

만일 죽은 사람이 살아나지 못한다면 "내일이면 죽을 터이니, 먹고 마시자" 할 것입니다." [고린도전서 15장]

저 역시 "만일 죽은 사람이 살아나지 못한다면 '내일이면 죽을 터이니, 먹고 마시자' 할 것입니다."

이처럼 사도 바울은, 참 그리스도인이 죽으면 바로 하늘나라 천국으로 갈 것이라 믿지 않았습니다.

그는 결코 그렇게 믿지 않았습니다.

23절 "그러나 각각 자기 차례대로 되리니 먼저는 첫 열매인 그리스도요 다음에는 그가 강림하실 때에 그리스도에게 속한 자"로서 부활을 믿었습니다.

만약 그때 그에게 부활이 없다면 "내일이면 죽을 터이니 먹고 마시자"라고 하였습니다.

이건 오늘날 주류 교회의 교리와는 너무나 다릅니다.

그가 오늘날 기독교 신자들이 믿는 것과 같이 사후 바로 가게 되는 천국을 믿었다면 절대로 이렇게 '막살아가겠다'는 말은 할 수 없을 것입니다.

이렇게 막살아가다간 지옥이라는 영원한 고초의 장소 불구덩이에 들어갈 것은 너무나 확실하기 때문입니다.

어떤 사람은 그들이 사후 바로 간다는 천국은 부활 후 약속된 천국보다 아주 형편없기 때문이 아닐까 하고 좀 어지러운 생각을 할지 모릅니다.

이 역시 결코 아닐 것입니다.

왜냐하면 오늘날 기독인들이 사후 바로 가게 된다는 천국은 그 어떤 세계와도 비교할 수 없는 그야말로 극락(極樂)의 세계이기 때문입니다.

하지만 사도 바울은 그런 내세를 믿지 않았습니다.

그 대신 예수 그리스도의 재림 때 있을 부활을 믿었으며 그 후 가게 될 천국을 소망하였습니다.

그리고 만약 이때 부활이 없다면.

"만일 죽은 사람이 살아나지 못한다면 내일이면 죽을 터이니, 먹고 마시자" [고린도전서 15:32]

그 의미가 너무나 분명하지 않습니까?

지옥(게헨나)-올바른 이해를 위하여

신약성경에서 지옥으로 번역한 '게헨나'에 대하여 살펴보기에 앞서 고대 이스라엘 사람들은 자신들이 장차 묻힐 무덤과 관련하여 어떤 생각들을 갖고 있었는지 알아보겠습니다.

성경 기록상 무덤에 대하여 가장 먼저 관심을 가진 사람은 이스라엘 사람들의 조상인 아브라함이 아니었나 생각됩니다.

창세기 23장에는 자신의 아내 사라의 매장지와 관련한 다음과 같은 기록이 있습니다.

창세기 23장 1절에서 6절까지입니다.

사라는 127세까지 살다가 가나안 땅의 헤브론 곧 기럇-아르바에서 죽었다.

아브라함이 그녀의 죽음을 슬퍼하며 울다가 그 시체 곁에서 일어나 헷사람들에게 가서 말하였다.

"나는 당신들 가운데 살고 있는 나그네이며 이방인입니다. 죽은 내 아내를 묻을 매장지를 나에게 좀 파십시오."

그러자 그들이 아브라함에게 대답하였다.

'당신은 우리 가운데 사는 위대한 지도자입니다. 우리 묘지 중에서 제일 좋은 것을 택하여 당신의 아내를 장사하십시오. 당신이 죽은 아내를 장사하겠다는데 자기 묘지를 아낄 사람이 우리 가운데는 아무도 없습니다' [현대인의 성경]

그 후 아브라함의 손자 야곱도 같은 생각을 가지고 있었던 것 같습니다.

그는 자기가 살던 땅 가나안에 흉년이 들자 애굽에 내려갔습니다. 그가 늙어 임종이 가까워 오자 아들 요셉에게 자기가 죽거든 자신이 살았던 땅 가나안에 묻어 달라고 당부하였습니다.

창세기 47장 30~31절 그 내용을 옮기면 이렇습니다.

"내가 죽거든 너는 나를 이집트에서 메어다가 **조상들이 묻혀 있는 곳에 나를 매장하여라.**" "내가 아버지의 말씀대로 하겠습니다."

"네가 그렇게 하겠다고 **나에게 맹세하여라.** 그래서 요셉이 맹세하자 야곱은 침대 머리맡에서 하나님께 경배하였다." [현대인의 성경]

그 후 이런 생각들은 이스라엘 왕들도 마찬가지였습니다.

그들도 대부분 자신들 열조의 무덤에 묻어 줄 것을 희망하였습니다.

그러나 여기서 주목할 것은, 신분이 높은 왕일지라도 중범죄자이거나 몹쓸 병으로 죽은 사람은 자신이 희망한 무덤에 묻히지를 못하였습니다.

"온 이스라엘이 그를 위하여 슬퍼하며 장사하려니와 여로보암에게 속한 자는 오직 **이 아이만 묘실에 들어가리니** 이는 여로보암의 집 가운데에서 그가 이스라엘의 하나님 여호와를 향하여 선한 뜻을 품었음이니라." [왕상 14:13]

이외 사람들은 자신들이 살고 있는 지역 공동묘지에 묻혔고 부자들은 자신들이 파 놓은 별도의 무덤에 묻혔습니다.

그러나 여기 공동묘지에도 자신이 파 놓은 무덤에도 묻히지 못한 사람들이 있었으니, 이곳이 바로 흰놈의 골짜기로, 하나님의 말씀을 대적하는 자들과 적국의 병사들이 가는 곳, 게헨나라는 시체 소각장입니다.

다음 성구가 그 상황을 좀 더 쉽게 이해하도록 도와줍니다.

"대저 도벳은 이미 설립되었고 또 왕을 위하여 예비된 것이라 깊고 넓게 하였고 거기 불과 많은 나무가 있은즉 여호와의 호흡이 유황 개천 같아서 이를 사르시리라." [이사야 30:33]

그러므로 이 곳을 도벳이나 힌놈 골짜기라고 부르지 않고 '살육의 골짜기'라고 부를 때가 올 것이다. 이것은 죽은 시체가 너무 많아 묻을 곳이 없어 그 시체를 이 골짜기에 버릴 것이기 때문이다 [렘 7:32 현대인의 성경]

그들이 나가서 내게 패역한 자들의 시체들을 볼 것이라 **그 벌레가 죽지 아니하며 그 불이 꺼지지 아니하여** 모든 혈육에게 가증함이 되리라 [이사야 66:24]

그런데 이곳은 이전부터 좀 특별한 곳으로, 이방 신들을 섬기는 사람들이 자기 자식을 산채로 불에 태워 바치는 아주 성스러운(?) 장소였습니다.
이런 이유로 이스라엘 백성들에게는 아주 혐오스러운 곳이었습니다.

여기 [열왕기하 23:10]에 보시면 이런 사실을 더 분명히 알 수 있습니다.

왕이 또 힌놈의 아들 골짜기의 도벳을 더럽게 하여 사람으로 몰록에게 드리기 위하여 그 자녀를 불로 지나가게 하지 못하게 하고

[예레미야 7:31] 힌놈의 아들 골짜기에 도벳 사당을 건축하고 그 자녀를 불에 살랐나니 **내가 명하지 아니하였고 내 마음에 생각지도 아니**

한 일이니라

이상의 성구에서 보듯 흰 놈의 아들 골짜기는 중범죄자나 하나님을 알지 못하는 적국의 죽은 병사들이 버려지는 장소로 그들의 시체가 나무나 유황불로 태워지는 곳이었습니다.

이곳은 죽은 사람이 방부처리 되어 안치되는 일반 무덤과는 달리, 죽은 시체가 아무렇게나 버려져 불로 태워지는, 그래서 두 벌 죽음을 하는 아주 혐오스러운 장소였습니다.

이런 역사적 사실을 생각해볼 때 일세기 유대인들에게(한글 개역본에서 지옥이라 번역된) 게헨나는 우리 인간이 한 번도 가본 적이 없는 곳, 세세토록 유황불이 타는 땅속 저주의 장소는 아니었습니다.

그곳은 쓰레기 소각장인 동시에 하나님을 대적하는 자들의 시체가 버려져 유황이나 나무로 태워지는 시체 소각장으로 우리의 눈으로 직접 확인 가능한 곳이었습니다.

물론 타다 남은 수분이 많은 사체는 구더기나 다른 벌레가 와서 파먹었을 것입니다.

여기 이사야서도 다시 읽어보시기 바랍니다.

"그들이 나가서 내게 패역한 자들의 시체들을 볼 것이라 그 벌레가 죽지 아니하며 그 불이 꺼지지 아니하여 모든 혈육에게 가증함이 되리라"

[사 66:24]

아래 마가복음을 다시 살펴보시겠습니다.

거기에서는 구더기도 죽지 않고 불도 꺼지지 아니하느니라 [마가복음 9장 48절]

여기 마가복음에서 하신 예수님의 말씀은 바로 구약성경 이사야 66장 24절을 염두에 두고 하신 게 분명해 보입니다.

다음 게헨나와 관련된 성구들을 참조해보시겠습니다.

요시아는 힌놈 골짜기에 있던 도벳을 더럽혀 놓았습니다. 그래서 아무도 그 곳에서 자기 아들이나 딸을 몰렉에게 제물로 바칠 수 없게 되었습니다. [열왕기하 23:10 쉬운성경]

대저 도벳은 이미 설립되었고 또 왕을 위하여 예비된 것이라 깊고 넓게 하였고 거기 불과 많은 나무가 있은즉 여호와의 호흡이 유황 개천 같아서 이를 사르시리라 [사 30:33]

힌놈의 아들 골짜기에 도벳 사당을 건축하고 그 자녀를 불에 살랐나니 내가 명하지 아니하였고 내 마음에 생각지도 아니한 일이니라 [렘 그러므로 나 여호와가 말하노라 날이 이르면 이곳을 도벳이라 하거나 힌놈의 아들의 골짜기라 칭하지 아니하고 **살육의 골짜기라 칭하리니 매장할 자리가 없도록 도벳에 장사함을 인함이니라** [렘 7:32]

그러므로 나 여호와가 말하노라 보라 다시는 이곳을 도벳이나 힌놈의 아들의 골짜기라 칭하지 아니하고 살육의 골짜기라 칭하는 날이 이를 것이라 [렘 19:6]

그들에게 이르기를 만군의 여호와께서 이같이 말씀하시되 사람이 토기장이의 그릇을 한번 깨뜨리면 다시 완전하게 할 수 없나니 이와 같이 내가 이 백성과 이 성을 파하리니 **그들을 매장할 자리가 없도록 도벳에 장사하리라** [렘 19:11]

나는 너희에게 이르노니 형제에게 노하는 자마다 심판을 받게 되고 형제를 대하여 라가라 하는 자는 공회에 잡혀가게 되고 미련한 놈이라 하는 자는 **지옥 불에 들어가게 되리라** [마 5:22]

만일 네 오른 눈이 너로 실족하게 하거든 빼어 내버리라 네 백체 중 하나가 없어지고 온 몸이 지옥에 던져지지 않는 것이 유익하며 [마 5:29] 또한 만일 네 오른손이 너로 실족하게 하거든 찍어 내버리라 네 백체

중 하나가 없어지고 온 몸이 지옥에 던져지지 않는 것이 유익하니라 [마 5:30]

만일 네 눈이 너를 범죄하게 하거든 빼어 내버리라 한 눈으로 영생에 들어가는 것이 두 눈을 가지고 지옥 **불에** 던져지는 것보다 나으니라 [마 18:9]

화 있을진저 외식하는 서기관들과 바리새인들이여 너희는 교인 한 사람을 얻기 위하여 바다와 육지를 두루 다니다가 생기면 너희보다 **배나 더 지옥 자식이 되게 하는도다** [마 23:15]

뱀들아 독사의 새끼들아 너희가 어떻게 지옥의 **판결을 피하겠느냐** [마 23:33]

만일 네 손이 너를 범죄하게 하거든 찍어버리라 장애인으로 영생에 들어가는 것이 두 손을 가지고 지옥 곧 **꺼지지 않는 불에** 들어가는 것보다 나으니라 [막 9:43]

그러므로 사람의 혀는 불과 같고 악으로 가득 찬 세계와 같습니다. 혀는 몸의 한 부분이지만 온 몸을 더럽히고 우리의 생애를 불태우며 **끝내는 혀 그 자체도 지옥 불에 타고 맙니다.** [약 3:6 현대인의 성경]

그런데 고대 배교한 이스라엘 사람 중에도 영혼 불멸을 믿은 사람이 있었던 것 같습니다

아직도 우리나라의 일부 사람들은 죽은 조상의 영을 불러내어 (점쟁이들에게 부탁) 점을 치곤 합니다. 그런데 이런 일은 아주 옛날 배교한 이스라엘 사람들 사이에서도 있었던 것 같습니다.

여기 그 증거 성구를 올려보겠습니다.

그런데도, 사람들은 너희에게 말할 것이다. "속살거리며 중얼거리는 신접한 자와 무당에게 물어 보아라. 어느 백성이든지 자기들의 신들에게 묻는 것은 당연하다. 산 자의 문제에 교훈과 지시를 받으려면, 죽은 자에게 물어 보아야 한다." 이렇게 말하는 자들은 결코 동트는 것을 못볼 것이다. [이사야 8:19-20 새번역]

"그들은 밤마다 무덤 사이로 다니면서, 죽은 자의 영들에게 물어 본다. 돼지고기를 먹으며, 이 방 제사상에 올랐던 고기 국물을 마신다." [이사야 65:4 새번역]

(성경 번역마다 약간의 차이가 있긴 합니다.)

이 기록을 자세히 살펴보면 당시 배교한 이스라엘 백성 중 일부는, 죽은 자들은 그냥 흙으로 돌아가 소멸하는 게 아니라 육체는 썩지만, 영이란 어떤 것이 생전의 의식 그대로 있을 것이라 믿었던 것 같습니다. 그리고 이들에게 어떤 교훈을 받을 수 있을 것이라 생각한 것 같습니다.

이런 생각은 오늘날 우리 주변 무속인들과 너무나 흡사하지 않습니까?

그러나 "이렇게 말하는 자들은 결코 동트는 것을 못 볼 것"입니다.
[이사야 8:20]

성경에는 상당히 어려운 내용도 있습니다

하지만 성경에는 우리가 쉽게 이해할 수 없는 어려운 내용도 간혹 있습니다.

[요한복음 6장 새번역]입니다.

47. '내가 진정으로 진정으로 너희에게 말한다. 믿는 사람은 영생을 가지고 있다.

48. 나는 생명의 빵이다.

49. 너희의 조상은 광야에서 만나를 먹었어도 죽었다.

50. 그러나 하늘에서 내려오는 빵은 이러하니, 누구든지 그것을 먹으면 죽지 않는다.

51. 나는 하늘에서 내려온 살아 있는 빵이다. 이 빵을 먹는 사람은 누구나 영원히 살 것이다. 내가 줄 빵은 나의 살이다. 그것은 세상에 생명을 준다."

52. 그러자 유대 사람들은 서로 논란을 하면서 말하였다. "이 사람이

어떻게 우리에게 (자기) 살을 먹으라고 줄 수 있을까?"

53. 예수께서 그들에게 말씀하셨다. "내가 진정으로 진정으로 너희에게 말한다. 너희가 인자의 살을 먹지 아니하고, 또 인자의 피를 마시지 아니하면, 너희 속에는 생명이 없다.

54. **내 살을 먹고, 내 피를 마시는 사람은 영원한 생명을 가지고 있고, 마지막 날에 내가 그를 살릴 것이다.**

55. 내 살은 참 양식이요, 내 피는 참 음료이다.

56. 내 살을 먹고, 내 피를 마시는 사람은 내 안에 있고, 나도 그 사람 안에 있다.

57. 살아 계신 아버지께서 나를 보내셨고, 내가 아버지 때문에 사는 것과 같이, 나를 먹는 사람도 나 때문에 살 것이다.

58. 이것은 하늘에서 내려온 빵이다. 이것은 너희의 조상이 먹고서도 죽은 그런 것과는 같지 아니하다. 이 빵을 먹는 사람은 영원히 살 것이다."

59. 이것은 예수께서 가버나움 회당에서 가르치실 때에 하신 말씀이다.

60. 예수의 제자들 가운데서 여럿이 이 말씀을 듣고 말하기를 '**이 말씀이 이렇게 어려우니 누가 알아들을 수 있겠는가?**' 하였다.

61. 예수께서, 제자들이 자기의 말을 두고 수군거리는 것을 아시고, 그들에게 말씀하셨다. '**이 말이 너희의 마음에 걸리느냐?**

62. 인자가 전에 있던 곳으로 올라가는 것을 보면, 어떻게 하겠느냐?

63. 생명을 주는 것은 영이다. 육은 아무 데도 소용이 없다. 내가 너희

에게 한 이 말은 영이요 생명이다.

64. 그러나 너희 가운데는 믿지 않는 사람들이 있다.' 처음부터 예수께서는, 믿지 않는 사람이 누구이며, 자기를 넘겨줄 사람이 누구인지를, 알고 계셨던 것이다.

65. 예수께서 또 말씀하셨다. "그러므로 내가 너희에게 이르기를, 아버지께서 허락하여 주신 사람이 아니고는 아무도 나에게로 올 수 없다고 말한 것이다."

66. 이 때문에 제자 가운데서 많은 사람이 떠나갔고, 더 이상 그와 함께 다니지 않았다.

이상 예수님이 하신 말씀과 아래 성경 말씀을 같이 살펴보시겠습니다.

10. 이스라엘 집안에 속한 사람이나 또는 그들과 함께 사는 외국 사람이, 어떤 피든지 피를 먹으면, 나 주는 그 피를 먹은 사람을 그대로 두지 않겠다. 나는 그를 백성에게서 끊어 버리고야 말겠다. [레 17:10 새번역]

"그러므로 내가 이스라엘 자손에게 말하기를 너희 중에 아무도 피를 먹지 말며 너희 중에 거류하는 거류민이라도 피를 먹지 말라 하였나니" [레 17:12]

"모든 생물은 그 피가 생명과 일체라 그러므로 내가 이스라엘 자손에게 이르기를 너희는 어떤 육체의 피든지 먹지 말라 하였나니 모든 육체의 생명은 그것의 피인즉 그 피를 먹는 모든 자는 끊어지리라." [레 17:14]

이 말씀은 고대 이스라엘 백성들에게 주어진 하나님의 말씀 율법입니다.

이렇게 성경은 분명히도

"어떤 피든지 피를 먹으면, 나 주는 그 피를 먹은 사람을 그대로 두지 않겠다. 나는 그를 백성에게서 끊어 버리고야 말겠다."라고 하셨습니다.

그런데 예수님은 구약 율법의 말씀과 상반되게 사람의 피 곧 자신의 피까지 마시라고 하셨습니다.

자신의 피를 마시지 않으면

"너희 속에는 생명이 없다."라고까지 말씀하셨습니다.

이 말씀은 오래전 모세를 통해 주어진 율법들을 익히 알고 있던 유대인들에게 너무나 충격적이었을 것입니다.

이 말씀 때문에 많은 사람이 예수님을 떠나갔습니다.

위 요한복음 6장 66절 다시 보시겠습니다.

"이 때문에 제자 가운데서 많은 사람이 떠나갔고, 더 이상 그와 함께 다니지 않았다."

여러분도 예수님께서 하신
"내가 진정으로 진정으로 너희에게 말한다. 너희가 인자의 살을 먹지 아니하고, 또 인자의 피를 마시지 아니하면, 너희 속에는 생명이 없다."는 이 말씀 때문에 그를 떠나시겠습니까?

한 부자와 거지 나사로

우리는 성경의 상당 부분이 비유나 상징어로 기록되었다는 사실을 잘 알고 있습니다. 예를 들면 "아버지는 농부, 나는 포도나무"와 같은 말은 비유적 표현이며 "내 피와 내 살을 먹지 않으면 생명이 없느니라."와 같은 표현은 고도의 상징어입니다. 그러므로 이런 상징어들은 그 자구에만 주목하다 보면 이해하기가 참으로 어렵습니다.

여기 우리가 쉽게 이해할 수 없는 말씀 하나를 더 소개해드리겠습니다.

누가복음 16장을 그대로 옮겨봅니다.

율법과 하나님 나라의 복음

14. 바리새인들은 **돈을 좋아하는 자들이라** 이 모든 것을 듣고 비웃거늘

15. 예수께서 이르시되 너희는 사람 앞에서 스스로 옳다 하는 자들이나 너희 마음을 하나님께서 아시나니 사람 중에 높임을 받는 그것은 하나님 앞에 미움을 받는 것이니라.

16. **율법과 선지자는 요한의 때까지요** 그 후부터는 하나님 나라의 복음이 전파되어 사람마다 그리로 침입하느니라

17. 그러나 율법의 한 획이 떨어짐보다 천지가 없어짐이 쉬우리라

18. 무릇 자기 아내를 버리고 다른 데 장가 드는 자도 간음함이요 무릇 버림당한 여자에게 장가드는 자도 간음함이니라

19. **한 부자**가 있어 자색 옷과 고운 베옷을 입고 날마다 호화롭게 즐기더라

20. 그런데 나사로라 이름하는 한 거지가 헌데 투성이로 그의 대문 앞에 버려진 채

21. 그 부자의 상에서 떨어지는 것으로 배 불리려 하매 심지어 개들이 와서 그 헌데를 핥더라

22. 이에 그 거지가 **죽어** 천사들에게 받들려 아브라함의 품에 들어가고 부자도 죽어 장사되매

23. 그가 **음부에서 고통** 중에 눈을 들어 멀리 **아브라함과 그의 품에 있는** 나사로를 보고

24. 불러 이르되 아버지 아브라함이여 나를 긍휼히 여기사 나사로를 보내어 그 손가락 끝에 물을 찍어 내 혀를 서늘하게 하소서 내가 이 **불꽃** 가운데서 괴로워하나이다

25. 아브라함이 이르되 얘 너는 살았을 때에 좋은 것을 받았고 나사로

는 고난을 받았으니 이것을 기억하라 이제 그는 여기서 위로를 받고 너는 괴로움을 받느니라

26. 그뿐 아니라 너희와 우리 사이에 **큰 구렁텅이**가 놓여 있어 여기서 너희에게 건너가고자 하되 갈 수 없고 거기서 우리에게 건너올 수도 없게 하였느니라

27. 이르되 그러면 아버지여 구하노니 나사로를 내 아버지의 집에 보내소서

28. 내 형제 다섯이 있으니 그들에게 증언하게 하여 그들로 이 고통 받는 곳에 오지 않게 하소서

29. 아브라함이 이르되 그들에게 모세와 선지자들이 있으니 그들에게 들을지니라

30. 이르되 그렇지 아니하니이다 아버지 아브라함이여 만일 죽은 자에게서 그들에게 가는 자가 있으면 회개하리이다

31. 이르되 모세와 선지자들에게 듣지 아니하면 비록 죽은 자 가운데서 살아나는 자가 있을지라도 권함을 받지 아니하리라 하였다 하시니라.

이 말씀을 이해하기 위해서 다시 구약 성경이 말하는 음부와 대조하여 살펴보시겠습니다.

11. 물이 바다에서 줄어지고 하수가 잦아서 마름 같이

12. 사람이 누우면 다시 일어나지 못하고 하늘이 없어지기까지 눈을 뜨지 못하며 **잠을 깨지 못하느니라.**

13. 주는 나를 스올(개역한글:음부)에 감추시며 주의 진노가 쉴 때까지 나를 숨기시고 나를 위하여 기한을 정하시고 나를 기억하옵소서

14. 사람이 죽으면 어찌 다시 살리이까 나는 나의 싸우는 모든 날 동안을 참고 놓이기를 기다렸겠나이다. [욥14장 개역개정]

그런데 여기 구약 성경에서 말하는 '음부'는 신약에서 말하는 그 음부와 너무나 다르지 않습니까?

이곳은 악인들이 가서 영원토록 고초를 받는 그런 장소는 전혀 아닌 것 같습니다.

그곳은 반대로 괴로움 중에 있던 욥을 잠시 '감추어 두시'는 장소로 말하고 있기 때문입니다.

욥기 3장도 같은 의미로 사후 세계를 말하고 있습니다.

17. 그 곳은 악한 자들이 말썽을 부리지 못하고 피곤한 자들이 쉴 수 있는 곳,

18. 죄수들까지도 평안을 누리고 포학한 간수들의 간섭을 받지 않는 곳,

19. 그 곳은 높고 낮은 자의 차별이 없고 종이 주인에게서 해방되는 곳이다.

20. "어째서 고난당한 자에게 빛을 주고, 마음이 괴로운 자에게 생명을 주었는가?

21. 이런 자들은 죽기를 기다리고 감추인 보화를 찾는 것보다 더 간절히 죽음을 찾아도 그것이 오지 않는구나!

22. 이들은 죽어서 땅 속에 묻혀야만 행복한 사람들이 아닌가?

이곳도 (악한 자나 선한 자나) 모두 편안히 쉬는 휴식의 장소입니다.

그 의미가 이렇게도 서로 다르기 때문에 오늘날 성경 번역자들은 구약의 음부를, 어떤 사람은 '음부'로 어떤 경우는 '저승'으로 또는 '무덤'으로 또는 '지옥'으로 번역하였습니다.

그러다 이것도 저것도 다 제대로 된 번역이 아니라는 생각이 들었는지 최근엔 원어 '스올' 그대로 음만 옮겨놓고 있는 실정입니다.

그만큼 번역에 어려움이 많았다는 의미일 것입니다.

그렇다면 언제부터인지 알 수는 없지만, 우리 주 예수님께서 구약 시대 죽은 자들을 '감추어 두는' 장소 음부에 유황불을 지피시어 불타는 고초의 장소 지옥으로 리모델링한 것일까요?

결코 아닐 것입니다. 왜냐하면 성경은 한 장소(스올)를 두고 이렇게 혼란을 주시지는 않을 것이기 때문입니다.

하나님은 어지러움의 하나님이 아니시요 오직 화평의 하나님이시니라 [고전 14:33]

그러므로 '한 부자와 거지 나사로' 이야기를 자구 그대로 받아들이기 보다는 상징적 의미로 이해하는 것이 합리적이라고 생각합니다.

그럼 이 내용을 일세기 당시 성경 필자인 사도 바울은 어떻게 이해하고 있었는지 살펴보시겠습니다.

마침 누가복음 '한 부자와 거지 나사로' 이야기의 앞부분, "율법과 선지자는 요한의 때까지요"라는 말씀과 누가 "아브라함의 자녀"인지를 설명하는 내용과 누가 저주의 반열에 속한 사람인지 알려주는 편지가 있어 읽어보았습니다.

갈라디아서 3장입니다.

1. 어리석도다. 갈라디아 사람들아 예수 그리스도께서 십자가에 못 박히신 것이 너희 눈 앞에 밝히 보이거늘 누가 너희를 꾀더냐

2. 내가 너희에게서 다만 이것을 알려 하노니 너희가 성령을 받은 것이 율법의 행위로냐 혹은 듣고 믿음으로냐 또는 믿음으로 들음에서냐

3. 너희가 이같이 어리석으냐 성령으로 시작하였다가 이제는 육체로 마치겠느냐

4. 너희가 이같이 많은 괴로움을 헛되이 받았느냐 과연 헛되냐

5. 너희에게 성령을 주시고 너희 가운데서 능력을 행하시는 이의 일이 율법의 행위에서냐 혹은 듣고 믿음에서냐

6. 아브라함이 하나님을 믿으매 그것을 그에게 의로 정하셨다 함과 같으니라 [창 15:6]

7. 그런즉 믿음으로 말미암은 자들은 아브라함의 자손인 줄 알지어다

8. 또 하나님이 이방을 믿음으로 말미암아 의로 정하실 것을 성경이 미리 알고 먼저 아브라함에게 복음을 전하되 모든 이방인이 너로 말미암아 복을 받으리라 하였느니라

9. 그러므로 믿음으로 말미암은 자는 믿음이 있는 아브라함과 함께 복을 받느니라

10. 무릇 율법 행위에 속한 자들은 저주 아래에 있나니 기록된 바 누구든지 율법 책에 기록된 대로 모든 일을 항상 행하지 아니하는 자는 저주 아래에 있는 자라 하였음이라 [난외주 신 27:26]

11. 또 하나님 앞에서 아무도 율법으로 말미암아 의롭게 되지 못할 것이 분명하니 이는 의인은 믿음으로 살리라 하였음이라

12. 율법은 믿음에서 난 것이 아니니 율법을 행하는 자는 그 가운데서 살리라 하였느니라 [레 18:5]

13. 그리스도께서 우리를 위하여 저주를 받은 바 되사 율법의 저주에서 우리를 속량하셨으니 기록된 바 나무에 달린 자마다 저주 아래에 있는 자라 하였음이라 [신 21:23]

14. 이는 그리스도 예수 안에서 아브라함의 복이 이방인에게 미치게 하고 또 우리로 하여금 믿음으로 말미암아 성령의 약속을 받게 하려 함이라

15. 형제들아 내가 사람의 예대로 말하노니 사람의 언약이라도 정한

후에는 아무도 폐하거나 더하거나 하지 못하느니라

16. 이 약속들은 아브라함과 그 자손에게 말씀하신 것인데 여럿을 가리켜 그 자손들이라 하지 아니하시고 오직 한 사람을 가리켜 네 자손이라 하셨으니 곧 그리스도라 [창 13:15; 17:8]

17. 내가 이것을 말하노니 하나님께서 미리 정하신 언약을 사백삼십 년 후에 생긴 율법이 폐기하지 못하고 그 약속을 헛되게 하지 못하리라

18. 만일 그 유업이 율법에서 난 것이면 약속에서 난 것이 아니리라 그러나 하나님이 약속으로 말미암아 아브라함에게 주신 것이라

19. 그런즉 **율법**은 무엇이냐 범법하므로 더하여진 것이라 천사들을 통하여 한 중보자의 손으로 베푸신 것인데 **약속하신 자손이 오시기까지 있을 것이라**(필자 주 : 예수님께서 누가복음 16장 16절에서 하신 '율법은 요한의 때까지'라는 말씀과 같은 맥락으로 이해함)

20. 그 중보자는 한 편만 위한 자가 아니나 하나님은 한 분이시니라

21. 그러면 율법이 하나님의 약속들과 반대되는 것이냐 결코 그럴 수 없느니라 만일 능히 살게 하는 율법을 주셨더라면 의가 반드시 율법으로 말미암았으리라

22. 그러나 성경이 모든 것을 죄 아래에 가두었으니 이는 예수 그리스도를 믿음으로 말미암는 약속을 믿는 자들에게 주려 함이라

23. 믿음이 오기 전에 우리는 율법 아래에 매인 바 되고 계시될 믿음의 때까지 갇혔느니라

24. 이같이 율법이 우리를 그리스도께로 인도하는 초등교사가 되어 우리로 하여금 믿음으로 말미암아 의롭다 함을 얻게 하려 함이라

25. 믿음이 온 후로는 우리가 초등교사 아래에 있지 아니하도다

26. 너희가 다 믿음으로 말미암아 그리스도 예수 안에서 하나님의 아들이 되었으니

27. 누구든지 그리스도와 합하기 위하여 세례를 받은 자는 그리스도로 옷 입었느니라

28. 너희는 유대인이나 헬라인이나 종이나 자유인이나 남자나 여자나 다 그리스도 예수 안에서 하나이니라

29. 너희가 그리스도의 것이면 **곧 아브라함의 자손이요 약속대로 유업을 이을 자니라**

이상 갈라디아 3장의 편지 내용은 예수님께서 누가복음 16장에서 하신 말씀을 두고 해설한 것 같지 않습니까?

물론 저의 이런 이해에 동의하실 수 없는 분들이 많이 있을 것입니다.

다시 천천히 성경 갈라디아 3장 19절을 같이 읽어보시겠습니다.

"그런즉 **율법**은 무엇이냐 범법하므로 더하여진 것이라 천사들을 통하여 한 중보자의 손으로 베푸신 것인데 **약속하신 자손**이 오시기까지 있을 것이라."

다음에 이어지는 29절입니다.

"너희가 **그리스도의 것이면 곧 아브라함의 자손이요 약속대로 유업을**

이을 자니라."

그리고 사도 바울이 갈라디아 뒷부분에 설명한 이 성구들도 함께 읽어 보시겠습니다.

"그러나 내게는 우리 주 예수 그리스도의 십자가 말고는 아무것도 자랑할 것이 없습니다. 그리스도의 십자가를 통해 **세상은 나에 대해서 죽었고, 나는 세상에 대해서 죽었습니다.**" [갈 6:14 현대인의 성경]

다시 같은 내용이 포함된 로마서도 살펴보시겠습니다.
제7장입니다.

1. 형제들아 내가 법 아는 자들에게 말하노니 너희는 그 법이 사람이 살 동안만 그를 주관하는 줄 알지 못하느냐

2. 남편 있는 여인이 그 남편 생전에는 법으로 그에게 매인 바 되나 만일 그 남편이 죽으면 남편의 법에서 벗어나느니라.

3. 그러므로 만일 그 남편 생전에 다른 남자에게 가면 음녀라 그러나 만일 남편이 죽으면 그 법에서 자유롭게 되나니 다른 남자에게 갈지라도 음녀가 되지 아니하느니라

4. 그러므로 내 형제들아 너희도 그리스도의 몸으로 말미암아 **율법에 대하여 죽임을 당하였으니** 이는 다른 이 곧 죽은 자 가운데서 살아나신 이에게 가서 우리가 하나님을 위하여 열매를 맺게 하려 함이라

이렇게 사도 바울은 율법이 폐하여진 새 세대 곧 율법의 속박에서 벗어난 세대를 두고 "율법에 대하여 죽임을 당하였다"고 말하

였습니다.

누가 죽은 자를 노예로 다시 부릴 자가 있겠습니까?

그만큼 율법에서 완전히 해방되었다는 표현이 아닌가 생각합니다.

그러므로 이제 육적 이스라엘은 모세의 율법에서 명실공히 해방되었습니다. 이렇게 율법의 속박에서 벗어난 이스라엘 사람들과 같이 이방인들도 참 믿음의 조상 아브라함의 자손이 되어 (예수 그리스도를 믿음으로) 그의 품 안에서 즐거움을 누리게 될 것입니다.

이 말은 자신들만이 아브라함의 자손이라고 강변하던 육적 이스라엘이 (하나님의 아들 예수님을 배반하므로) 더는 아브라함의 품속 자손이 될 수 없다는 의미가 될 것입니다.

"여러분이 율법을 지켜서 의롭다 함을 얻으려 한다면, 여러분은 그리스도에게서 끊어지고 하나님의 은혜에서 **멀어지게 됩니다.**" [갈 5:4]의 이 말씀과 같습니다.

이제 하나님의 아들 예수 그리스도를 믿지 않는 율법 고수자들은 오히려 율법을 범하는 자들로 간주되어 구약의 율법이 말하는 저주 아래 놓이게 될 것입니다.

아래 성구 다시 읽어보시기 바랍니다.

무릇 율법 행위에 속한 자들은 저주 아래에 있나니 기록된바 누구든지 율법 책에 기록된 대로 모든 일을 항상 행하지 아니하는 자는 **저주**

아래에 있는 자라 하였음이라. [갈 3:10]

사도 바울은 친절하게도 그들에게 내릴 율법의 저주를 이해시키기 위해 고대 이스라엘의 경전 모세 오경을 인용하셨습니다.

아래 관주에서 보여준 신명기 27장 26절에 이어서 그 구체적인 저주가 어떤 것인지 보여주는 27~29장을 찾아 읽어보십시오.

여기 한 구절만 소개해드리겠습니다.

"여호와께서는 그런 사람을 용서하지 않으실 것이오. **여호와의 분노가 활활 타는 불처럼 그에게 미칠 것이오. 이 책에 적힌 모든 저주가 그**에게 미칠 것이오. 여호와께서는 그의 이름을 이 땅에서 지워 버리실 것이오." [신 29:20]

이곳 모세가 이스라엘인들에게 한 예언적 저주는 예수님께서 예언하신 누가복음 16장에 나와 있는 사후 음부에서 고통을 받는 '부자'의 상황과 (불꽃 가운데서) 너무나 흡사하지 않습니까?

모세가 한 예언적 저주는 여러 차례 고대 이스라엘인들에게 성취되었으며(모세의 실체이신 예수님) 누가 16장의 예언은 예수님이 돌아가신 후(율법 폐지 후) 성취되기 시작하였습니다.

이제 율법이 폐하여진 후 '한 부자'의 처지와 '거지 나사로'의 입장은 완전히 뒤바뀌었습니다.

한 사람은 "여호와의 분노가 활활 타는 불처럼 그에게 미칠 것이오. 이 책에 적힌 모든 저주가 그에게 미칠 것이오.”라는 저주를 받았습니다.

다른 한 사람은 “아브라함의 품에 들어가” 믿음의 조상 아브라함의 자손이 되었습니다.

아직도 ‘한 부자와 거지 나사로’에 대한 예수님의 말씀이 어렵습니까?

이 말씀 때문에 일세기 당시 제자들처럼 그를 떠나시겠습니까?

“너는 흙이니 흙으로 돌아갈 것이니라.” [창세기 3:18]

이 말씀은 지금도 진리입니다.

이 말씀 때문에 어느 누구도 에덴에서 하나님이 직접 선고하신 이상의 형벌은 내릴 수 없을 것입니다.

그러므로 성경의 일부 예언적 상징어를 가지고 성경 전체와 상반된 주장을 한다는 것은 참으로 어리석은 일이 아닌가 생각합니다.

누가 자기 아버지를 고문 기술자로 말하는 사람을 두고, 자기 ‘아버지의 이름을 거룩’하게 한다고 말 할 수 있으리오.[마 6:9 참조]

그 옛날 아담과 이브는 오래전에 이미 흙으로 돌아갔습니다.

그러나 당시 아담의 허리에 있었던 그들의 후손들에게 하나님은 다른 마련을 하신 것 같습니다.

이제 당신의 독생자 예수님을 이 땅에 보내시고 대속을 통한 구원을 마련하셨기 때문입니다.

에덴의 하나님은 아담과 이브에게 생명나무로 가는 길을 막으셨지만, 우리에겐 그 과실을 따 먹고 영생할 수 있는 길을 열어주셨습니다.

요한복음 6장입니다.

40. 내 아버지의 뜻은 아들을 보고 믿는 자마다 영생을 얻는 이것이니 마지막 날에 내가 이를 다시 살리리라 하시니라.

이렇게 희망적인 미래를 마련해 주신 참 하나님께 진심으로 감사들 드립니다.

영화 '레미제라블'

빵 한 조각을 훔친 장발장,

그 죄로 19년의 감옥 생활,

너무나 가혹하다고 생각되지 않으십니까?

하지만 이 나라의 주류 기독교인들은 빵 한 조각이 아니라 물한 모금도 몰래 마시지 않은 우리의 아기들이 '지옥이란 불구덩이에 들어가, 그것도 영원까지 불의 고초를 받게 된다.'고 가르칩니다.

우리가 믿는 하나님은 진정 이런 신이실까요?

결코 아닐 것입니다.

왜냐하면 하나님께서는 처음 에덴에서 아담에게 선고하신 형벌 이상의 처벌은 결코 내리지 않으실 것이기 때문입니다.

이게 진짜 참 하나님의 공의가 아니겠는지요?

그러므로 이제부터라도 나와 믿음이 다른 사람에 대하여 한도 끝도 없는 증오의 마음은 버렸으면 합니다.

이 외에도 영혼 불멸과 지옥불 교리는 우리 인간사에 많은 해독을 끼쳤습니다.
그 예로 중세에 있었던 면죄부 판매행위도 지옥불 교리가 있기에 가능하지 않았나 생각됩니다.

어떤 사람이든 면죄부를 사는 사람은 그 순간 미래의 자기 자신은 물론 이미 죽은 자신의 가족까지 지옥(연옥)에서 바로 천국에 가게 된다'는 말은, 어떻게든지 지옥에서의 고초만은 면해 보려는 우리 인간들의 절박한 마음을 잘도 이용해 먹은 사기 사건이 아닌가 생각합니다.

참 사랑의 하나님이 우리를 진리의 길로 인도해 주시길 빕니다.

왜 그들은 '과'라는 글자를 읽지 못하지요

마태복음 10장 [개역한글]

26. 그런즉 저희를 두려워하지 말라 감추인 것이 드러나지 않을 것이 없고 숨은 것이 알려지지 않을 것이 없느니라

27. 내가 너희에게 어두운데서 이르는 것을 광명한데서 말하며 너희가 귓속으로 듣는 것을 집 위에서 전파하라

28. 몸은 죽여도 영혼은 능히 죽이지 못하는 자들을 두려워하지 말고 오직 **몸과 영혼을 능히 지옥에 멸(滅)하시는 자를 두려워하라**

성경 말씀은 이렇게 분명히 몸과 영혼 둘 다 "지옥에 滅하시는 자를 두려워" 하라고 기록되어 있습니다.

그런데

왜 이렇게 분명한 글자를 보고도 몸만 멸(滅)하고 영혼은 불멸(不滅)이라 혼란스럽게 가르치는지 모르겠습니다.

왜 그들은 여기 이렇게도 분명히 보이는 '과'라는 글자를 읽지

못하시는지요?

몸이 멸해진다면 영혼도 같이(과) 하나님의 손에 의해 멸해진다는 게 이 문장의 올바른 독법 아닌가요?

그들이 바로 성경에 예언된, "보아도 보지 못하는" 그 소경이 아닐까요?

그냥 두어라 저희는 소경이 되어 소경을 인도하는 자로다 만일 소경이 소경을 인도하면 둘이다 구덩이에 빠지리라 하신대 [마 15:14]

요한복음 10장

27. 내 양은 내 음성을 들으며 나는 저희를 알며 저희는 나를 따르느니라.

이는 소망 없는 이와 같이 않게 하려 함이라

아랫글은 사도 바울이 데살로니가에 있는 그리스도인에게 보낸 편지입니다.

데살로니가전서 4장입니다.

주의 강림과 죽은 자의 부활

13. 형제들아 자는 자들에 관하여는 너희가 알지 못함을 우리가 원치 아니하노니 이는 소망 없는 다른 이와 **같이 슬퍼하지 않게** 하려 함이라

14. 우리가 예수의 죽었다가 다시 사심을 믿을진대 이와 같이 **예수 안에서 자는 자들**도 하나님이 저와 함께 데리고 오시리라

15. 우리가 주의 말씀으로 너희에게 이것을 말하노니 주 강림하실 때까지 우리 살아 남아 있는 자도 자는 자보다 결단코 앞서지 못하리라

16. 주께서 호령과 천사장의 소리와 하나님의 나팔로 친히 하늘로 좇

아 강림하시리니 그리스도 안에서 죽은 자들이 먼저 일어나고

17. 그 후에 우리 살아남은 자도 저희와 함께 구름 속으로 끌어올려 공중에서 주를 영접하게 하시리니 그리하여 우리가 항상 주와 함께 있으리라

18. 그러므로 이 여러 말로 서로 위로하라

만약 이 편지의 내용처럼 죽은 그리스도인들이 그냥 잠자는 상태로 영원히 있다면 이것이야말로 '소망 없는' 일이요, 슬픈 일일 것입니다(천국에 가서 잘살고 있는데 왜 부활이 없다는 것이 그들에게 슬픈 일이요, 소망 없는 일이 될까요?).

그러나 우리 주 그리스도께서 재림하시는 그날, 참 그리스도인에게는 부활이라는 소망이 있습니다.

그렇기 때문에 우리는 서로 위로하며 그날을 기다릴 수 있을 것입니다.

어떤 진정제도 듣지 않는 환자가 있다고 합니다

어떤 진정제도 듣지 않는 환자가 있다고 합니다.

이때 입에서 나오는 소리는 오직 '빨리 죽게 해 달라.'는 말뿐이라고 합니다.

그러나 그때마다 안락사를 시킬 수도 없는 현실이고 보면…….

이 경우 의사들은 마지막 처방으로 잠을 재우는 방법을 택합니다.
고통 속에 있는 환자, 더는 고통을 느끼지 못하도록 깊이 잠들게 하는 것입니다.
물론 깨어나면 또 고통을 호소하겠지만 그래도 달리 방법이 없으니…
그런데 이런 의사의 노력에도 불구하고 상태가 호전되지 않은 사람 중에는 스스로 극단적 선택을 하기도 합니다.

입원실 창문으로 뛰어내리는 사람,

극약을 먹는 사람…

이외 이런저런 방법으로 스스로 목숨을 끊는 사람들이 있습니다.

그 고통이 얼마나 심하면 이런 극단적인 선택을 할까요?

그런데 이런 경우 대부분의 사람은, '얼마나 아팠으면 스스로 목숨을 끊을까?' 하고 가슴 아파합니다.

하지만 일부 종교 지도자 중에는 '이렇게 자살을 하는 사람은 모두 영원히 꺼지지 않는 불구덩이 지옥에 들어가 이보다 더 심한 고초를 당할 것'이라고 가르칩니다.

그리고 그 고통은 이 세상의 그 어떤 고통으로도 설명할 수 없는, 그야말로 극심한 고통이라고 합니다.

그렇게 말을 하면서 한 입으로는

그들이 믿는 하나님은 '사랑이 아주 많은 신'이며,

'모든 건 사람의 잘못이지 하나님의 잘못은 결코 아니'라고 합니다.

이렇게 하나님의 말씀 성경까지도 한 입으로 두 가지 말을 하는 사람들에게 우리가 무슨 말을 더하리오.

하나님의 진실한 마음

예레미야 애가 3장 33절
역본별 비교입니다.

[개역 한글]

주께서 인생으로 고생하며 근심하게 하심이 본심이 아니시로다.

[새번역]

우리를 괴롭히거나 근심하게 하는 것은, 하나님의 본심이 아니다.

[공동번역]

사람이 미워서 괴롭히거나 벌하시지는 않으신다.

[현대인의 성경]

주는 사람을 고생시키고 근심하게 하는 것을 기뻐하지 않으신다.

[쉬운성경]
주님은 백성을 심판하거나 슬프게 하는 것을 즐기지 않으신다.

[흠정역]
그분은 고의로 사람들의 자녀들을 괴롭게 하거나 슬프게 하지 아니하시는도다.

[CEV]
The Lord doesn't enjoy sending grief or pain.

[에스겔 33:11]
주 여호와의 말씀에 나의 삶을 두고 맹세하노니 나는 악인의 죽는 것을 기뻐하지 아니하고 악인이 그 길에서 돌이켜 떠나서 사는 것을 기뻐하노라

13. 너희는 가서 "내가 바라는 것은 자비요, 희생제물이 아니다" 하신 말씀이 무슨 뜻인지 배워라. [마태 9:13 쉬운성경]

이 마음이야말로 하나님의 진심이 아닐까요?

장애를 가지신 분들과 어린아이에 대한 하나님의 배려

우린 지적 장애자들이 얼마나 많은 어려움을 겪고 있는지를 잘 알고 있습니다.

또한 그 가족이 얼마나 힘들어하고 있는지도 알고 있습니다.

얼마 전 한 지인의 가족이 60이 넘도록 부자유한 삶을 살다 돌아가셨습니다.
그가 할 수 있는 일은 먹고 화장실 가는 것밖에 아무것도 없었습니다.

그분은 날 때부터 그렇게 살아왔습니다.

이제 자칭 하나님의 백성이라는 분들,
이 사람은 환갑이 넘도록 하나님도 부처님도 알지 못하고 마침내 죽었습니다.

우린 사람을 물어 죽인 사자일지라도 불붙는 지옥에 보내 영원히 고통을 주시는 하나님이 아니라는 것을 압니다.

그런데 일생동안 스스로 아무것도 할 수 없는 사람, 오직 사람으로 태어났다는 이유만으로 (아무도 태어나고 싶어 태어난 사람은 없음) 지옥불에 넣어 영원토록 고초를 준다면 이게 진정 하나님의 공의일까요?

아래 질문에 솔직한 답변 부탁드립니다.

1. 지옥에 가서 영원히 불의 고초를 받을 것이다
2. 천국에 가서 이 세상에서 누리지 못한 행복을 누리며 살고 있을 것이다.
3. 다른 생물로 다시 태어나 살 것이다
4. 그냥 나기 전의 상태로 돌아갔을 것이다.
5. 모르겠다.

당신은 어느 쪽입니까?
그러나 하나님의 말씀 성경은 이렇게 알려주고 있군요.

[요 9:41]
41. 예수께서 이르시되 너희가 **맹인**이 되었더라면 죄가 없으려니와

본다고 하니 너희 죄가 그대로 있느니라

[신명기 1:39]

또 너희가 사로잡히리라 하던 너희의 아이들과 당일에 선악을 못하던 너희 자녀들 그들은 그리로 들어갈 것이라 내가 그 땅을 그들에게 주어 산업이 되게 하리라

[누가복음 18:16]

예수께서 그 어린 아이들을 불러 가까이 하시고 이르시되 어린 아이들이 **내게 오는** 것을 용납하고 금하지 말라 하나님의 나라가 이런 자의 것이니라.

[롬 10:14]

그런즉 그들이 믿지 아니하는 이를 어찌 부르리요 듣지도 못한 이를 어찌 믿으리요 전파하는 자가 없이 어찌 들으리요(고대 듣지 못한 자들에 대하여 한 말씀으로 이해)

거짓 교리, 그 원류(源流)를 찾아서

강물이 오염되었을 때

그 강을 거슬러 올라가 보면 오염의 원인을 찾을 수 있습니다.

이처럼 오래전부터 기독교계에서 논쟁의 중심에 있는 영혼 불멸과 지옥불 교리도 그 근원을 찾아 올라가 보면 어디서부터 이 사상이 흘러들어왔는지를 알 수 있을 것입니다.

그럼 인간이 이렇게 '결코 죽지' 않고 영원히 산다고 맨처음 말한 장본인은 누구일까요?

전지전능하신 하나님일까요?

아니면 뱀일까요?

아니면 인간 자신일까요?

이 답은 너무나 명백하게도 이미 오래전에 성경에 다 기록되어 있습니다.

창세기 3장입니다.

1. 여호와 하나님의 지으신 들짐승 중에 뱀이 가장 간교하더라 뱀이 여자에게 물어 가로되 하나님이 참으로 너희더러 동산 모든 나무의 실과를 먹지 말라 하시더냐

2. 여자가 뱀에게 말하되 동산 나무의 실과를 우리가 먹을 수 있으나

3. 동산 중앙에 있는 나무의 실과는 하나님의 말씀에 너희는 먹지도 말고 만지지도 말라 너희가 죽을까 하노라 하셨느니라

4. 뱀이 여자에게 이르되 너희가 결코 죽지 아니하리라

5. 너희가 그것을 먹는 날에는 너희 눈이 밝아 하나님과 같이 되어 선악을 알줄을 하나님이 아심이니라

6. 여자가 그 나무를 본즉 먹음직도 하고 보암직도 하고 지혜롭게 할 만큼 탐스럽기도 한 나무인지라 여자가 그 실과를 따먹고 자기와 함께 한 남편에게도 주매 그도 먹은지라

7. 이에 그들의 눈이 밝아 자기들의 몸이 벗은 줄을 알고 무화과나무 잎을 엮어 치마를 하였더라.

8. 그들이 날이 서늘할 때에 동산에 거니시는 여호와 하나님의 음성을 듣고 아담과 그 아내가 여호와 하나님의 낯을 피하여 동산 나무 사이에 숨은지라

9. 여호와 하나님이 아담을 부르시며 그에게 이르시되 네가 어디 있느냐

10. 가로되 내가 동산에서 하나님의 소리를 듣고 내가 벗었으므로 두려워하여 숨었나이다

11. 가라사대 누가 너의 벗었음을 네게 고하였느냐 내가 너더러 먹지 말라 명한 그 나무 실과를 네가 먹었느냐

12. 아담이 가로되 하나님이 주셔서 나와 함께하게 하신 여자 그가 그 나무 실과를 내게 주므로 내가 먹었나이다

13. 여호와 하나님이 여자에게 이르시되 네가 어찌하여 이렇게 하였느냐 여자가 가로되 뱀이 나를 꾀므로 내가 먹었나이다

14. 여호와 하나님이 뱀에게 이르시되 네가 이렇게 하였으니 네가 모든 육축과 들의 모든 짐승보다 더욱 저주를 받아 배로 다니고 종신토록 흙을 먹을지니라

15. 내가 너로 여자와 원수가 되게하고 너의 후손도 여자의 후손과 원수가 되게 하리니 여자의 후손은 네 머리를 상하게 할 것이요 너는 그의 발꿈치를 상하게 할 것이니라 하시고

16. 또 여자에게 이르시되 내가 네게 잉태하는 고통을 크게 더하리니 네가 수고하고 자식을 낳을 것이며 너는 남편을 사모하고 남편은 너를 다스릴 것이니라 하시고

17. 아담에게 이르시되 네가 네 아내의 말을 듣고 내가 너더러 먹지 말라한 나무 실과를 먹었은즉 땅은 너로 인하여 저주를 받고 너는 종신토록 수고하여야 그 소산을 먹으리라

18. 땅이 네게 가시덤불과 엉겅퀴를 낼 것이라 너의 먹을 것은 밭의 채소인즉

19. 네가 얼굴에 땀이 흘러야 식물을 먹고 필경은 흙으로 돌아 가리니 그 속에서 네가 취함을 입었음이라 너는 흙이니 흙으로 돌아갈 것이니

라 하시니라

이처럼 인간 조상 아담에게 "선악과를 먹으면 죽는다."고 한 분은 하나님이요, 반대로 "결코 죽지 아니하리라"고 한 자는 뱀입니다.

그래서 그는 최초의 거짓말쟁이가 된 것입니다.

우리는 여기 창세기 3장 그 어디에도 '범죄한' 인간은 사후 지옥이라는 불구덩이에 들어가 영원히 불의 고초를 받게 된다는 기록을 찾아 볼 수가 없습니다.

이 말씀에서, 인간은 이 세상에 창조되기 전 흙이었으므로, 다시 그 흙으로 되돌아간다는 이상의 의미를 유추해 낼 수가 없습니다.

이 뱀의 말과는 달리 아담과 이브는 죽었습니다.

이제 사탄은 다시 자신의 거짓말을 호도(糊塗)하기 위하여 또 다른 거짓말을 만들어 낼 필요가 있었던 것 같습니다.

이 거짓말이 바로 "보이는 몸은 죽지만 영혼은 '결코 죽지' 않는다."는 말이 아닌가 생각합니다. 그러나 하나님께서는 재차 다음과 같이 분명히 말씀하셨습니다.

"범죄하는 그 영혼은 죽으리라." [에스겔 18:4]

더 이상 우리가 무슨 말을 하리오?

이것이 오늘날 거짓 종교의 원초적 모습이 아닐까요?

너희는 너희 아비 마귀에게서 났으니 너희 아비의 욕심을 너희도 행하고자 하느니라 저는 처음부터 살인한 자요 진리가 그 속에 없으므로 진리에 서지 못하고 거짓을 말할 때마다 제 것으로 말하나니 이는 저가 거짓말쟁이요 거짓의 아비가 되었음이니라. [요 8:44]

2부. 예수님, 당신은 진짜 누구십니까?

하나님과 일체이신 예수님?

일세기 유대인들은 청년 예수가 누구인지 궁금했습니다.

예수께서도

"너희는 나를 누구라 하느냐?" 하시며 제자들에게 묻기도 하셨습니다. [마태복음 16:15]

한 제자는 대답하길

"당신은… 살아계신 하나님의 아들이시나이다."[마태복음 16:16]라고 대답하였습니다.

그런데 언제부터인가 기독교계 지도자들의 입에서 '예수님은 전능하신 하나님과 같은 분으로 일체(一體)'라는 말이 나오기 시작하였습니다.

그 후

이런 생각들은 많은 사람의 입에 오르내리다 기원 325년 치열한 논란 중에 저 유명한 [니케아 공의회]를 거치면서 기독교계의 중심 교리로 공인되었습니다.

이 사건을 계기로 이 교리에 공개적으로 반대하는 사람들은 적그리스도라는 죄명으로 박해를 받기 시작하였습니다.
이런 박해는 천년이 넘도록 계속되었고 그간 일부 반대자들은 산 채로 화형에 처해지기까지 하였습니다.

이제 종교의 자유가 보장된 시대가 왔습니다.
이것은 모르긴 해도 많은 순교자들의 피의 대가가 아닌가 생각합니다.

그러나 아직까지도 이 같은 믿음을 가지지 않은 소수의 사람은 많은 불이익을 당하고 있습니다.

한편 상당수 사람은 오늘도 이 문제와 관련하여 많은 혼란을 겪고 있습니다.

예수님, 당신은 진짜 누구십니까?

당신께서는

"영생은 곧 유일하신 참 하나님과 그의 보내신 자 예수 그리스도를 아는 것이니이다."[요한복음 17:3]라고 하셨기 때문입니다.

하나님과 아들 예수님을 바로 안다는 것은 우리의 미래의 생명과 관련된 문제로 그만큼 중요하게 생각해야 하지 않을까 생각합니다.

이제부터 이 문제를 다시 진지하게 살펴보고자 합니다.

삼위일체의 정의

예수님이 전능하신 하나님의 아들임과 동시에 전능하신 아버지 하나님과 동격으로 일체라는 사상은 우리의 귀에 너무나 익숙한 '삼위일체'란 교리로 주류 기독교계의 기본 교리입니다.

이 신조는 기독교 대부분의 교파에서 오늘날까지 지켜온 믿음입니다.

우선 삼위일체의 정의부터 살펴보시겠습니다.

삼위일체(三位一體)의 정의

출처 : [용어사전]

1. 의의 : 이는 하나의 실체(實體) 안에 세 위격(位格)으로 존재하는 하나님의 신비를 말한다. 삼위일체 신비는 한 분이신 하나님 안에 삼위가 계신다는 신앙 교리이다. 이는 인간의 지혜로는 **완전히 알아듣기 힘들지만,** 하나님께서 성경을 통해 우리에게 알려 주신 바대로, 한 분이신 하나님께서 세 위격(位格), 즉 성부(聖父) 성자(聖子) 성령(聖靈)으로

계심을 말한다.

2. 삼위의 관계: 그런데 세 위격은 **동일하고 영원하시며 전능하시다.** 위격을 라틴어로 페르소나(Persona)라고 하는데, 이 위격들은 하나의 하나님 본성(本性), 하나의 하나님 본질(本質), 하나의 하나님 실체(實體)이다.

여기서 주목할 내용은

한 분 하나님은 '성부' '성자' '성신'이라는 세 위격의 형태로 존재하며 이 세 위격은 '동일하고 영원하시며 전능하시다.'는 것입니다.

다시 말하면 한 하나님 안에 존재하는 성부, 성자, 성신으로 구성된 세 위격은, 능력(전지전능하심)과 지위(높고 낮음이 없음)와 영원성에 있어서 동등하며, 그러나 세분 하나님이 아니라 한 분이시라는 것입니다.

여기부터 '완전히 알아듣기 힘'이 듭니다.

어쨌든 오늘날 삼위일체 교리의 근간이랄 수 있는 [아타나시우스 신경]에 나와 있는 정의도 같이 살펴보도록 하겠습니다.

아타나시우스 신경(信經)

1. 누구든지 구원받기를 원하는 사람은 모든 것에 앞서서 가톨릭 신앙을 지녀야 하며,

2. 이 신앙을 온전하게 보존하지 않는 **사람은 의심 없이 영원히 멸망할 것입니다.**

3. 가톨릭 신앙은 다음과 같습니다.

우리는 삼위 안에 한 분 하나님, 일치성 안에 삼위를 흠숭합니다.

4. 위격들 간에 혼합도, 주체의 분리도 없으며,

5. 성부의 한 위격, 성자의 한 위격, 성령의 한 위격이 존재합니다.

6. 그러나 성부, 성자, 성령은 신성에 있어서 한 분이시요, 같은 영광을 받으시며, 위엄에 있어서 같이 영원하십니다.

7. 성부께서 존재하시듯이 그렇게 성자께서도 존재하시고, 성령께서도 그렇게 존재하십니다.

8. 창조되지 않으신 성부, 창조되지 않으신 성자, 창조되지 않으신 성령.

9. 무한하신 성부, 무한하신 성자, 무한하신 성령.

10. 영원하신 성부, 영원하신 성자, 영원하신 성령이십니다.

11. 그러나 영원하신 세 분이 아니라, 영원하신 한 분이 계십니다.

12. 그러므로 창조되지 않고, 무한하신 세 분이 아니라 창조되지 않고 무한하신 한 분이 계십니다.

13. **성부께서 전능하시듯이, 성자께서도 전능하시고, 성령께서도 전능하십니다.**

14. 그러나 전능하신 세 분이 아니라 전능하신 한 분이 계십니다.

15. 성부께서도 하나님이시고, 성자께서도 하나님이시며, 성령께서도 하나님이십니다.

16. 그러나 세 분이신 하나님이 아니라 한 분이신 하나님께서 계십니다.

17. 성부께서 주님이시듯이, 성자께서도 주님이시고, 성령께서도 주님이십니다.

18. 그러나 세 분이신 주님께서 계시는 것이 아니라 한 분이신 주님께서 계십니다.

19. 위마다 각각 하나님이시며 주님이심을 고백해야 하나, 세 분이신 하나님께서 계신다거나 세 분이신 주님께서 계신다고 말하는 것은 가톨릭 신앙에 어긋나는 것입니다.

20. 성부께서는 결코 어느 누구로부터 조성되시거나 창조되지도 **나지도 않으십니다.**

21. 성자께서는 오직 성부로부터 조성되시거나 창조되지도 않으시고 **나셨습니다.**

22. 성령께서는 성부와 성자로부터 조성되시거나 창조되지도 나지도 않으시고 발하셨습니다.

23. 한 분이신 성부이시지 세 분이신 성부가 아니십니다. 한 분이신 성자이시지 세 분이신 성자가 아니십니다. 한 분이신 성령이시지 세 분이신 성령이 아니십니다.

24. **이 삼위 안에는 처음이나 나중이나, 크거나 작음이 없습니다.** 삼

위 모두 같은 영원성, 같은 **동등성을 지니십니다.**

25. 그러므로 이미 언급한 것처럼 세 위격에 한 분이시고 한 분에 세 위격이심을 반드시 믿어 흠숭할 것이며,

26. **누구든지 구원받기를 원하는 사람은 삼위에 대하여 이와 같이 믿어야 합니다.**

27. 영원한 구원을 얻으려면 또한 우리 주 예수 그리스도께서 사람이 되심을 충실히 믿어야 할 것입니다.

28. 바른 신앙은 하나님의 아들 우리 주 예수 그리스도께서 하나님이시며 사람이심을 고백하는 것입니다.

29. 그분께서는 성부의 본체에서 영원으로부터 나셨기에 하나님이시요, 모친의 본체에서 세상에 태어나셨기에 사람이십니다.

30. 그분께서는 참 하나님이시요, 영혼과 육신을 갖추신 참 사람이십니다.

31. 신성으로는 성부와 같으시나 인성으로는 성부보다 낮으십니다.

32. 하나님이시며 사람이시나 둘이 아니요, 다만 그리스도 한 분이십니다.

33. 신성이 변하여 육신이 되어서가 아니라 오직 인성을 취하시여 신성에 결합하셨기에 한 분이시며

34. 본체의 혼합이 아니라 위가 하나이시기에 참으로 한 분이십니다.

35. 영혼과 육신으로 한 사람이시듯 하나님과 사람으로 한 분이신 그리스도이십니다.

36. 그 분께서는 우리의 구원을 위하여 수난을 당하시고 저승에 내려

가시어 사흘날에 죽은 이들 가운데서 부활하시고,

37. 하늘에 올라 전능하신 천주 성부 오른편에 앉으시며, 그리로부터 산 이와 죽은 이를 심판하러 오실 것입니다.

38. 그 분께서 오실 때 모든 사람들은 자기 육신과 함께 부활하여 자기 행위에 대하여 셈 바칠 것입니다.

39. 선을 행한 자는 영원한 생명으로 들어가고 악을 행한 자는 영원한 불로 갈 것입니다.

40. 이것이 거룩하고 보편된 교회의 신앙 교리입니다.

누구라도 이것을 충실히 굳게 믿지 아니하면 구원받지 못할 것입니다. [위키백과에서 인용. 돋음 글자는 필자]

예수님, 당신은 진짜 누구십니까?

이 물음에 대한 해답은 아무래도 그분에 대하여 가장 자세히 기록한 책 성경에서 찾아볼 수밖에 없을 것 같습니다.

먼저 성경 복음서에 나와 있는 참 하나님의 증언부터 들어 보시겠습니다.

말할 때에 홀연히 빛난 구름이 그들을 덮으며 구름 속에서 소리가 나서 이르시되 이는 내 사랑하는 아들이요 내 기뻐하는 자니 너희는 그의 말을 들으라 하시는지라 [마 17:5]

하늘로부터 소리가 나기를 너는 내 사랑하는 아들이라 내가 너를 기뻐하노라 하시니라 [막 1:11]

구름 속에서 소리가 나서 이르되 이는 나의 아들 곧 택함을 받은 자니 너희는 그의 말을 들으라 [눅 9:35]

이제 직접 당사자이신 아들 예수님의 말씀을 들어보시겠습니다.

하나님이 **그 아들을 세상에** 보내신 것은 세상을 심판하려 하심이 아니요 그로 말미암아 세상이 구원을 받게 하려 하심이라 [요 3:17]

아버지께서 아들을 사랑하사 만물을 다 그의 손에 주셨으니 [요 3:35]

아버지께서 아들을 사랑하사 자기가 행하시는 것을 다 아들에게 보이시고 또 그보다 더 큰 일을 보이사 너희로 놀랍게 여기게 하시리라 [요 5:20]

다음 하늘나라 천사들의 증언을 들어보겠습니다.
천사가 대답하여 이르되 성령이 네게 임하시고 지극히 높으신 이의 능력이 너를 덮으시리니 이러므로 나실 바 거룩한 이는 하나님의 아들이라 일컬어지리라 [눅 1:35]

마지막으로 제자들을 포함한 다른 사람들의 고백을 살펴보시겠습니다.

오직 이것을 기록함은 너희로 예수께서 하나님의 아들 그리스도이심

을 믿게 하려 함이요 또 너희로 믿고 그 이름을 힘입어 생명을 얻게 하려 함이니라 [요 20:31]

배에 있는 사람들이 예수께 절하며 이르되 진실로 하나님의 아들이로소이다 하더라 [마 14:33]

시몬 베드로가 대답하여 이르되 주는 그리스도시요 살아 계신 하나님의 아들이시니이다 [마 16:16]

백부장과 및 함께 예수를 지키던 자들이 지진과 그 일어난 일들을 보고 심히 두려워하여 이르되 이는 진실로 하나님의 아들이었도다 하더라 [마 27:54]

이것은 성경이 말하는 하나님과 예수님의 사실관계입니다.

우리는 이상의 성구를 근거로 예수님은 하나님의 아들, 하나님은 예수님의 아버지 되신다는 것을 분명히 아셨을 것입니다.

이제부터 이 두 분, 아버지 하나님과 아들 예수님과의 구체적인 사실관계를 '삼위일체의 정의'와 비교하면서 좀 더 자세히 살펴보시겠습니다.

보내심을 받으신 분

요한복음 7장입니다.

16. 예수께서 그들에게 대답하셨다. "나의 가르침은 **내 것이 아니라 나를 보내신** 분의 것이다.

(… 중략 …)

28. 예수께서 성전에서 가르치실 때에, 큰소리로 말씀하셨다. "너희는 나를 알고, 또 내가 어디에서 왔는지를 알고 있다. 그런데 나는 내 마음대로 온 것이 아니다. 나를 보내신 분은 참되시다. 너희는 그분을 알지 못하지만,

29. 나는 그분을 안다. 나는 그분에게서 왔고, 그분은 나를 보내셨기 때문이다." [새번역]

내가 진실로 진실로 너희에게 이르노니 종이 주인보다 크지 못하고 보냄을 받은 자가 보낸 자보다 크지 못하나니 [요 13:16]

"나는 아무것도 내 마음대로 할 수 없다. 나는 아버지께서 하라고 하시는 대로 심판한다. 내 심판은 올바르다. 그것은 내가 **내 뜻대로 하려 하지 않고,** 나를 보내신 분의 뜻대로 하려 하기 때문이다." [요한복음 5장 30절, 새번역]

이 말씀은 어떤 교직자의 해석이 아닌 예수 그리스도께서 직접 하신 말씀입니다.

저는 다시 말씀드리지만 할 수만 있다면 인용 성구에 대하여 부연 설명을 자제하려고 합니다.
왜냐하면 저의 해설보다 인용된 말씀이 이 두 분의 사실관계를 더 잘 설명 해주고 있기 때문입니다.

아들 예수님은 온 인류를 다스리실 권한을 아버지 하나님으로부터 받으신 분이십니다

[요한복음 17장, 현대인의 성경]

1. 예수님은 이 말씀을 하시고 하늘을 우러러보시며 이렇게 기도하셨다. 아버지, 때가 왔습니다. 아들이 아버지께 영광을 돌릴 수 있도록 이 아들을 영광스럽게 하소서.

2. 아버지께서는 아들에게 주신 모든 사람에게 아들이 영원한 생명을 주게 하시려고 온 인류를 다스리는 권한을 아들에게 주셨습니다.

3. 영원한 생명은 한 분밖에 없는 참된 하나님이신 아버지와 그리고 아버지께서 보내신 예수 그리스도를 아는 것을 말합니다.

4. 나는 아버지께서 맡겨 주신 일을 다 완성하여 세상에서 아버지를 영광스럽게 하였습니다.

5. 아버지, 세상이 있기 전에 내가 아버지와 함께 누렸던 그 영광으로 지금 아버지 앞에서 나를 영광스럽게 하소서.

6. 세상에서 이끌어내어 아버지께서 내게 주신 사람들에게 나는 아버지를 알게 해 주었습니다. 그들은 아버지의 사람들이었는데 아버지께서

내게 주셨습니다. 그들은 아버지의 말씀에 순종하였으며

7. 지금은 그들이 아버지께서 내게 주신 모든 것이 아버지에게서 온다는 것을 알고 있습니다.

8. 나는 아버지께서 내게 주신 말씀을 그들에게 주었으며 그들은 이 말씀을 받아들였습니다. 그래서 그들은 내가 아버지에게서 나온 것을 확실히 알고 또 아버지께서 나를 보내신 것을 믿었습니다.

9. 내가 그들을 위해 기도합니다. 내가 기도하는 것은 세상을 위해서가 아니라 아버지께서 내게 주신 사람들을 위해서입니다. 그들은 아버지의 것이기 때문입니다.

10. 내 것은 모두 아버지의 것이며 아버지의 것도 다 내 것입니다. 나는 그들을 통해 영광을 받았습니다.

11. 나는 이제 세상을 떠나 아버지께로 가지만 그들은 세상에 남아 있습니다. 거룩하신 아버지, 내게 주신 아버지의 이름으로 그들을 지켜 주시고 **아버지와 내가 하나인 것처럼 그들도 하나가 되게 하소서.**

12. 내가 그들과 함께 있는 동안 내게 주신 아버지의 이름으로 나는 그들을 안전하게 보호하고 지켰습니다. 그들 가운데 멸망의 자식 외에는 하나도 잃어버린 사람이 없으니 이것은 성경 말씀이 이루어지기 위한 것입니다.

13. 이제 나는 아버지께로 갑니다. 그러나 내가 세상에서 이 말씀을 드리는 것은 그들이 내 기쁨을 마음껏 누리게 하려는 것입니다.

14. 내가 아버지의 말씀을 그들에게 전했는데 세상은 그들을 미워하고 있습니다. 그것은 내가 세상에 속하지 않은 것처럼 그들도 세상에 속

하지 않았기 때문입니다.

15. 나의 기도는 그들을 세상에서 데려가 달라는 것이 아니라 1악한 자에게서 지켜 달라는 것입니다.

16. 내가 세상에 속하지 않은 것처럼 그들도 세상에 속하지 않았습니다.

17. 그들을 진리로 거룩하게 하소서. 아버지의 말씀은 진리입니다.

18. 아버지께서 나를 세상에 보내신 것처럼 나도 그들을 세상에 보냈습니다.

19. 그들을 위해 내가 나를 거룩하게 합니다. 이것은 그들도 진리로 거룩해지기 위해서입니다.

20. 나는 그들뿐만 아니라 그들의 말을 듣고 나를 믿는 사람들을 위해서도 기도합니다.

21. **아버지, 아버지께서 내 안에 계시고 내가 아버지 안에 있는 것같이 그들도 하나가 되어 우리 안에 있게 하소서.** 그래서 아버지께서 나를 보내신 것을 세상이 믿게 하소서.

22. 아버지께서 내게 주신 영광을 내가 그들에게 준 것은 아버지와 내가 하나인 것처럼 그들도 하나가 되게 하기 위해서입니다.

23. 나는 그들 안에 있고 아버지는 내 안에 계십니다. 그들이 완전히 하나가 되게 하셔서 아버지께서 나를 보내신 것과 또 나를 사랑하신 것처럼 아버지께서 그들도 사랑하신 것을 세상이 알게 하소서.

24. 아버지, 아버지께서 내게 주신 사람들이 내가 있는 곳에 나와 함께 있게 하소서. 그래서 세상이 생기기 전부터 아버지께서 나를 사랑하

셨기 때문에 내게 주신 내 영광을 그들이 보게 하소서.

25. 의로우신 아버지, 세상은 아버지를 모르지만 나는 알고 있으며 그들도 아버지께서 나를 보내신 것을 알고 있습니다.

26. 내가 아버지를 그들에게 알게 했으니 앞으로도 계속 아버지를 알게 하여 아버지께서 나를 사랑하신 그 사랑이 그들 안에 있고 나도 그들 안에 있도록 하겠습니다.

그분은 처음부터 모든 권한을 갖고 있지 않았다는 점에 주목하셨으면 합니다.

예수께서 힘쓰고 애써 더욱 간절히 기도하시니 땀이 땅에 떨어지는 핏방울같이 되더라

[누가복음 22장]

44. 예수께서 힘쓰고 애써 더욱 간절히 기도하시니 땀이 땅에 떨어지는 핏방울 같이 되더라

[마태복음 27장]

45. 제육시로부터 온 땅에 어둠이 임하여 제구시까지 계속되더니

46. 제구시쯤에 예수께서 크게 소리 질러 이르시되 엘리 엘리 라마 사박다니 하시니 이는 곧 나의 하나님, 나의 하나님, 어찌하여 나를 버리셨나이까 하는 뜻이라

[누가복음 23장]

44. 때가 제육시쯤 되어 해가 빛을 잃고 온 땅에 어둠이 임하여 제구시까지 계속하며

45. 성소의 휘장이 한가운데가 찢어지더라

46. 예수께서 큰 소리로 불러 이르시되 아버지 내 영혼을 아버지 손에

부탁하나이다 하고 이 말씀을 하신 후 숨지시니라

[히브리서 5장]
7. 그는 육체에 계실 때에 자기를 죽음에서 능히 구원하실 이에게 심한 통곡과 눈물로 간구와 소원을 올렸고 그의 경건하심으로 말미암아 들으심을 얻었느니라

여기 심한 통곡과 눈물로 아버지 하나님에게 간구하신 분은 누구십니까? 하지만 삼위일체를 주장하시는 분들은 이렇게 말합니다. '이건 다 사역(事役)이 그렇기 때문에 눈물을 흘리신 것이지 그가 전지전능하신 하나님이 아니기 때문은 아니다'라고.

다른 관점에서 한 번 더 생각해보시겠습니다.
사탄은 누구입니까?
그는 반역한 천사입니다.
그러므로 이름 그대로 그는 하나님에게 순종 아닌 반역을 한 것입니다. 그러나 아들 예수님은 아버지 하나님에게 경외하는 마음으로 순종하신 분이십니다.
어떤 사람들은 '그분은 전능하신 하나님이긴 하지만 인간들에게 보여주기 위하여 연기를 하신 것'이라고 합니다. 만약 그들의 말처럼 아들 예수님의 순종이 '사역(事役)' 때문이라면 하나님에게 반역한 천사 사탄도 '사역(事役)' 때문에 반역을 한 것일까요?

하나님께서 주님을 살리셨으니

고린도후서 4장

1. 그러므로 우리는 하나님의 자비를 힘입어서 이 직분을 맡고 있으니, 낙심하지 않습니다.

2. 우리는 부끄러워서 드러내지 못할 일들을 배격하였습니다. 우리는 간교하게 행하지도 않고, 하나님의 말씀을 왜곡하지도 않습니다. 우리는 진리를 환히 드러냄으로써, 하나님 앞에서 모든 사람의 양심에 우리 자신을 떳떳하게 내세웁니다.

3. 우리의 복음이 가려 있다면, 그것은 멸망하는 자들에게 가려 있는 것입니다.

4. 그들의 경우를 두고 말하면, 이 세상의 신이 믿지 않는 자들의 마음을 어둡게 하여서, 하나님의 형상이신 그리스도의 영광을 선포하는 복음의 빛을 보지 못하게 한 것입니다.

5. 우리는 우리 자신을 전하는 것이 아니라, 예수그리스도를 주님으로 선포합니다. 우리는 예수로 말미암아 우리 자신을 여러분의 종으로 내세웁니다.

6. "어둠 속에 빛이 비쳐라" 하고 말씀하신 하나님께서, 우리의 마음 속을 비추셔서, (예수)그리스도의 얼굴에 나타난 하나님의 영광을 아는 지식의 빛을 우리에게 주셨습니다.

7. 우리는 이 보물을 질그릇에 간직하고 있습니다. 이 엄청난 능력은 하나님에게서 나는 것이지, 우리에게서 나는 것이 아닙니다.

8. 우리는 사방으로 죄어들어도 움츠러들지 않으며, 답답한 일을 당해도 낙심하지 않으며,

9. 박해를 당해도 버림받지 않으며, 거꾸러뜨림을 당해도 망하지 않습니다.

10. 우리는 언제나 예수의 죽임 당하심을 우리 몸에 짊어지고 다닙니다. 그것은 예수의 생명도 또한 우리 몸에 나타나게 하기 위함입니다.

11. 우리는 살아 있으나, 예수로 말미암아 늘 몸을 죽음에 내어 맡깁니다. 그것은 예수의 생명도 또한 우리의 죽을 육신에 나타나게 하기 위함입니다.

12. 그리하여 죽음은 우리에게서 작용하고, 생명은 여러분에게서 작용합니다.

13. 성경에 기록하기를, "나는 믿었다. 그러므로, 나는 말하였다." 하였습니다. 우리는 그와 똑같은 믿음의 영을 가지고 있으므로, 우리도 믿으며, 그러므로 말합니다.

14. 주 예수를 살리신 분이 **예수와 함께** 우리도 살리시고, 여러분과 함께 세워주시리라는 것을 우리는 알고 있습니다. [새번역]

이 편지를 받은 일세기 그리스도인들을 상상해보십시오.

너무나 반가운 나머지 받은 즉시 개봉해 바로 읽어 내려갔을 것입니다.

이때 교회를 책임 맡은 장로들은 글을 읽지 못하는 사람들을 위하여 대신 편지를 낭독해 주기도 하였을 것입니다.

어떤 경우에도 오늘날 대부분의 교직자가 하는 것처럼 그 내용 중 한두 줄을 뽑아 읽고는 대신 긴 시간 설교는 하지 않았을 것입니다.

저가 성경 편지글을 대할 때에는, 할 수만 있다면 끊지 않고 끝까지 읽도록 권하는 이유이기도 합니다.

참 하나님의 인도를 기도드립니다.

그분 아드님은 하늘의 참 성소에서 아버지 하나님을 섬기시는 분이십니다

[히브리서 8장, 현대인의 성경]

1. 지금까지 우리가 한 말의 주된 요점은 바로 이러한 대제사장이 우리에게 있다는 것입니다. 그분은 하늘에 계시는 위대하신 하나님 오른편에 앉아 계십니다.

2. 그리고 그분은 사람이 세운 것이 아니라 하나님께서 세우신 **하늘의 참 성소에서 섬기시는 분이십니다.**

3. 모든 대제사장은 예물과 제사를 드리기 위해 임명되었습니다. 그래서 이 대제사장도 드릴 것이 있어야 했습니다.

4. 예수님이 세상에 계셨다면 제사장이 되실 수가 없었을 것입니다. 세상에는 율법을 따라 예물을 바치는 제사장들이 있기 때문입니다.

5. 이들이 섬기는 성전은 하늘에 있는 성전의 모형과 그림자입니다. 모세가 성막을 세우려 할 때에도 그는 하나님에게서 '너는 모든 것을 산에서 너에게 보여 준 양식대로 만들어라'는 지시를 받았습니다.

6. 그러나 이제 예수님은 더 **위대한 제사장의 직무를 맡으셨으며 더 좋은 약속에 근거한 더 좋은 계약의 중재자가 되셨습니다.**

여기선 분명히 아들 예수님은 아버지 하나님으로부터 대제사장의 직분을 받으신 분으로 하늘의 참 성소에서 아버지 하나님을 섬기시는 분이라 알려주고 있습니다.

우리가 더 이상 무슨 말을 할 수 있으리오.

아무래도 하나님께 숭배를 드리시는 제사장과 그로부터 숭배를 받으시는 하나님이 지위에 있어서 '동등' 하다는 말은 너무 억지스러운 주장이 아닌가 생각됩니다.

아들 예수님은 아버지 하나님을 경외하시는 분이십니다

다음은 왕이 가져야 할 마음가짐입니다.

신명기 17장

이스라엘의 왕

14. 네가 네 하나님 여호와께서 네게 주시는 땅에 이르러 그 땅을 차지하고 거주할 때에 만일 우리도 우리 주위의 모든 민족들 같이 우리 위에 왕을 세워야겠다는 생각이 나거든

15. 반드시 네 하나님 여호와께서 택하신 자를 네 위에 왕으로 세울 것이며 네 위에 왕을 세우려면 네 형제 중에서 한 사람을 할 것이요 네 형제 아닌 타국인을 네 위에 세우지 말 것이며

16. 그는 병마를 많이 두지 말 것이요 병마를 많이 얻으려고 그 백성을 애굽으로 돌아가게 하지 말 것이니 이는 여호와께서 너희에게 이르시기를 너희가 이 후에는 그 길로 다시 돌아가지 말 것이라 하셨음이며

17. 그에게 아내를 많이 두어 그의 마음이 미혹되게 하지 말 것이며 자기를 위하여 은금을 많이 쌓지 말 것이니라

18. 그가 왕위에 오르거든 이 율법서의 등사본을 레위 사람 제사장 앞에서 책에 기록하여

19. 평생에 자기 옆에 두고 읽어 **그의 하나님 여호와 경외하기를 배우며** 이 율법의 모든 말과 이 규례를 지켜 행할 것이라

20. 그리하면 그의 마음이 그의 형제 위에 교만하지 아니하고 이 명령에서 떠나 좌로나 우로나 치우치지 아니하리니 이스라엘 중에서 그와 그의 자손이 왕위에 있는 날이 장구하리라.

다음 내용은 하나님의 아들에 관한 구약성경의 예언입니다.

이사야 11장
평화의 나라

1. 이새의 줄기에서 한 싹이 나며 그 뿌리에서 한 가지가 나서 결실할 것이요

2. 그의 위에 여호와의 영 곧 지혜와 총명의 영이요 모략과 재능의 영이요 지식과 여호와를 경외하는 영이 강림하시리니

3. **그가 여호와를 경외함으로 즐거움을 삼을 것이며** 그의 눈에 보이는 대로 심판하지 아니하며 그의 귀에 들리는 대로 판단하지 아니하며

4. 공의로 가난한 자를 심판하며 정직으로 세상의 겸손한 자를 판단할 것이며 **그의 입의 막대기로 세상을 치며 그의 입술의 기운으로 악인을 죽일 것이며**

5. 공의로 그의 허리띠를 삼으며 성실로 그의 몸의 띠를 삼으리라

위 신명기 17장 19절과 이사야 11장 3절 '경외'한다는 의미를 비교하시면서 살펴보시기 바랍니다.

다시

히브리서 5장입니다.

1. 대사제는 누구나 사람들 가운데서 뽑혀서 사람들을 대표하여 하나님을 섬기는 일을 맡은 사람입니다. 그래서 대사제는 속죄를 위해서 예물과 희생제물을 바치는 것입니다.

2. 대사제는 **자기도 연약한 인간**이므로 무지하거나 유혹에 빠진 사람들을 동정할 수 있습니다.

3. 그는 또 이렇게 연약하기 때문에 백성을 위해서뿐만 아니라 자신을 위해서도 속죄의 제물을 바쳐야 하는 것입니다.

4. 이 영예로운 직무는 자기 스스로 얻는 것이 아니라 아론처럼 하나님의 부르심을 받아서 얻는 것입니다.

5. 이와 같이 그리스도께서도 대사제의 영광스러운 자리를 **스스로 차지하신 것이** 아닙니다. 그 영광스러운 자리는, "너는 내 아들, 내가 오늘 너를 낳았다." 하고 말씀하신 하나님께서 주신 것입니다.

6. 또 성서의 다른 곳을 보면, "너는 멜기세덱의 사제 직분을 잇는 영원한 사제이다." 하신 말씀도 있습니다.

7. 예수께서는 인간으로 이 세상에 계실 때에 **당신을 죽음에서 구해주실 수 있는 분에게 큰소리와 눈물로 기도하고 간구**하셨고 하나님께서는 **당신을 경외하는 마음을 보시고** 그 간구를 들어주셨습니다.

8. 예수께서는 하나님의 아들이셨지만 고난을 겪음으로써 복종하는 것을 배우셨습니다.

9. 그리고 완전하게 되신 후에 당신에게 복종하는 모든 사람을 위해서 영원한 구원의 근원이 되셨으며

10. 하나님께로부터 멜기세덱의 사제 직분을 잇는 대사제로 임명받으셨습니다. [공동번역]

경외: 공경하고 두려워함.

위 말씀을 다시 살펴보시겠습니다.

7. 하나님께서는 당신을 경외하는 마음을 보시고 그 간구를 들어주셨습니다.

8. 예수께서는 하나님의 아들이셨지만 고난을 겪음으로써 복종하는 것을 배우셨습니다.

9. 그리고 완전하게 되신 후에 당신에게 복종하는 모든 사람을 위해서 영원한 구원의 근원이 되셨으며

10. 하나님께로부터 멜기세덱의 사제 직분을 잇는 대사제로 임명받으셨습니다.

이 말씀이 의미하는바 진실은 무엇일까요?

우리가 하나가 된 것 같이

[요한 10:30]

요한복음 10장 30절의 이 말씀은 예수님이 직접 하신 다음의 말씀으로 충분히 이해하실 수 있을 것입니다.

17. 그들을 진리로 거룩하게 하옵소서 아버지의 말씀은 진리니이다

18. 아버지께서 나를 세상에 보내신 것 같이 나도 그들을 세상에 보내었고

19. 또 그들을 위하여 내가 나를 거룩하게 하오니 이는 그들도 진리로 거룩함을 얻게 하려 함이니이다

20. 내가 비옵는 것은 이 사람들만 위함이 아니요 또 그들의 말로 말미암아 나를 믿는 사람들도 위함이니

21. 아버지여, 아버지께서 내 안에, 내가 아버지 안에 있는 것 같이 그들도 다 하나가 되어 우리 안에 있게 하사 세상으로 아버지께서 나를 보내신 것을 믿게 하옵소서

22. 내게 주신 영광을 내가 그들에게 주었사오니 이는 **우리가 하나가 된 것 같이** 그들도 하나가 되게 하려 함이니이다

23. 곧 내가 그들 안에 있고 **아버지께서 내 안에 계시어** 그들로 온전함을 이루어 **하나가** 되게 하려 함은 아버지께서 나를 보내신 것과 또 나를 사랑하심 같이 그들도 사랑하신 것을 세상으로 알게 하려 함이로소이다 [요한복음 17장]

그날에는 내가 아버지 안에, 너희가 내 안에, 내가 너희 안에 있는 것을 너희가 알리라 [요한복음 14:20]

이 말씀 중 "너희가 내 안에, 내가 너희 안에 있을 것"이란 이 말씀으로 우리 인간이 예수님과 '일체'라 말할 수 있을까요?

그렇게 말할 수 있을지 모르겠습니다.

하지만 삼위일체론자들이 말하는 바와 같은 의미의 '일체'는 아닐 것입니다.

그 날은 오직 여호와만 아시는 날이다

아래 [공동번역]과 다른 번역들을 같이 살펴보시겠습니다.

스가랴 14장 7절입니다.

[공동번역성서 개정판]

야훼 홀로 아시는 날, 그날이 오면 밤도 낮도 없어 저녁이 되어도 밝기만 하리라.

[새번역]

낮이 따로 없고 밤도 없는 대낮만이 이어진다. 그때가 언제 올지는 **주님께서만 아신다**. 저녁때가 되어도, 여전히 대낮처럼 밝을 것이다.

[현대인의 성경]

그날은 낮도 아니고 밤도 아닌 단 하루밖에 없는 날로서 **여호와께서만 아시는 날이다**. 그러나 저녁이 되면 빛이 있을 것이다

[쉬운성경]

이와 같은 날은 없을 것이다. 언제 그날이 올지는 **여호와만이 아신다.** 그때가 되면 낮도, 밤도 없을 것이다. 밤에도 낮처럼 빛이 비출 것이다

그리고 신약성경도 같이 살펴보시겠습니다.

[마 24:36]

그러나 그날과 그때는 아무도 모르나니 하늘의 천사들도, **아들도 모르고 오직 아버지만 아시느니라**

[막 13:32]

그러나 그날과 그때는 아무도 모르나니 하늘에 있는 천사들도, 아들도 모르고 **아버지만 아시느니라**

위 성구들, 모두 조화를 이루지 않습니까?

만약 예수님이 곧 여호와 하나님이면 어찌 이 모든 말씀을 두고 조화롭다 말할 수 있으리오

여기서 말하는 '그날과 그때는' 이론의 여지없이 [최후의 심판] 날입니다.

그리고 오직 여호와 하나님만 아시는 날입니다.

그러므로 예수님도 '아들도' 모른다고 하셨습니다.

이뿐이 아닙니다.

"너희도 알지 못하느니라." [마태 24:43] 하셨으므로 우리 중 누구도 '그날'을 알 수 없을 것입니다.

하지만 이렇게 단정적인 성경의 말씀을 보고도 일부 시한부 종말론 자들은, 자기들 교단만은 '그날'을 안다고 합니다.

그들의 하나님이 '이 마지막 날'에 자신들에게만 비밀스럽게 알려주셨기 때문이라고 주장하고 있습니다.

절대로 이런 유의 사악한 시한부 종말론자들의 말에 속지 마십시오!

왜냐하면 거듭 말씀드리지만, 그날은 아들도 모르고 오직 아버지만 아시는 날로 "너희는 그날을 알지 못하느니라." [마태 25:13]고 말씀하셨기 때문입니다.

또한 "때와 시기는 아버지께서 자기의 권한에 두셨으니 너희가 알 바가 아니"라 하셨기 때문입니다. [사도행전 1: 7]

하지만 자칭 하나님의 증인이라고 하는 한 종파는 자신들이 한 시한부 종말 예언이 완전히 거짓으로 탄로 난 후에도(여러 번, 솔직히 회개하지 않고) 자신들 조직이 한 예언은 하나님으로부터 받은 '점진적 계시'로 자신들은 절대로 거짓 예언자는 아니라고 회칠에 회칠을 거듭하고 있습니다.

이런 사이비 교단들은 항상 진리의 말씀에 시한부 종말론 같은 마약을 교묘히 섞어 판매한다는 것을 잊지 마셨으면 합니다.

이 마약에 취한 사람은 그날로 모든 분별력을 잃어버리고 맙니다.

너무나 안타까운 현실이 아닐 수 없습니다.

신명기 18장 22절입니다.

만일 어떤 예언자가 여호와의 이름으로 말을 해도 그것이 이루어지지 않으면 그가 말한 것은 여호와께서 주신 말씀이 아니라 그가 제멋대로 지어낸 말입니다. 그러므로 여러분은 그런 **자를 두려워하지 마십시오.** [현대인의 성경]

그들의 주장은 스스로 자신들이 거짓 선지자임을 광고하고 있는 것입니다.

제발 아래 성구를 보고 좀 정신을 차렸으면 합니다.

이사야 44장입니다.

25. 나는 **거짓 예언자들과 점쟁이들의 예언이 틀리게 하여** 그들을 어리석은 자로 만들고 지혜로운 자와 지식을 쓸모없게 하는 자이다.

26. 그러나 **내 종들이 예언할 때나** 내 사자를 보내 내 계획을 알릴 때에는 내가 **그 계획과 예언을 성취시킨다** [현대인의 성경]

나의 하나님, 어찌하여 나를 버리셨나이까?

성경 66권을 통독하는 중 가장 가슴 아프게 읽은 내용이 바로 이 부분이 아니었나 생각됩니다.

[마 27:46]
제 구시쯤에 예수께서 크게 소리 질러 이르시되 엘리 엘리 라마 사박다니 하시니 이는 곧 나의 하나님, 나의 하나님, 어찌하여 나를 버리셨나이까 하는 뜻이라

얼마나 괴로우셨으면 이렇게 절규를 하셨을까요?

[누가 22장]
39. 예수께서 나가사 습관을 따라 감람산에 가시매 제자들도 따라갔더니
40. 그곳에 이르러 그들에게 이르시되 유혹에 빠지지 않게 기도하라 하시고

41. 그들을 떠나 돌 던질 만큼 가서 무릎을 꿇고 기도하여

42. 이르시되 아버지여 만일 아버지의 뜻이거든 이 잔을 내게서 옮기시옵소서 그러나 내 원대로 마시옵고 아버지의 원대로 되기를 원하나이다 하시니

43. 천사가 하늘로부터 예수께 나타나 힘을 더하더라

44. 예수께서 힘쓰고 애써 더욱 간절히 기도하시니 **땀이 땅에 떨어지는 핏방울같이 되더라**

얼마나 힘들었으면 그 땀이 핏방울 같았을까요?

지금도 저는 이 성구를 읽을 때마다 가슴이 아픕니다.

이건 결코 일체로서의 일인극(모노드라마)일 수가 없습니다.

이 말처럼 우리 주님의 진정성을 폄훼하는 말은 또 없을 것입니다.

"왜 나를 버리시나이까?"라는 말 다시 곱씹어 보십시오.

무엇이나 하실 수 있는 전지전능하신 하나님이 그 잠시의 괴로움을 못 참아 "이 잔을 내게 지나가게 하옵소서."하시며

다시 "내 원대로 마옵시고 아버지의 원대로 하옵소서."라고 하셨을까요?

이사야서 53장입니다.

1. 우리가 들은 것을 누가 믿었느냐? 여호와의 팔이 누구에게 나타났느냐?

2. 그는 여호와 앞에서 부드러운 새싹처럼, 메마른 땅에서 자라는 나무줄기처럼 자라났다. 그에게는 아름다움도 없었고, 우리의 눈길을 끌만한 위엄도 없었다.

3. 그는 사람들에게 미움과 멸시를 받았으며, 아픔과 고통을 많이 겪었다. 사람들은 그를 바라보려 하지도 않았다. 그는 미움을 받았고, 우리 가운데 아무도 그를 귀하게 여기지 않았다.

4. 정말로 그는 우리의 질병을 짊어지고, 우리의 아픔을 대신 겪었다. 그러나 우리는 그가 하나님께 벌을 받아서 고통을 당한다고 생각했다.

5. 그러나 그가 상처 입은 것은 우리의 허물 때문이고, 그가 짓밟힌 것은 우리의 죄 때문이다. 그가 맞음으로 우리가 평화를 얻었고, 그가 상처를 입음으로 우리가 고침을 받았다.

6. 우리는 모두 양처럼 흩어져 제 갈 길로 갔으나, 여호와께서 우리의 모든 죄짐을 그에게 지게 하셨다.

7. 그는 매를 맞고 고난을 당했으나, 마치 도살장으로 끌려가는 어린 양과 같이 아무 말도 하지 않았다. 털을 깎이는 양과 같이 잠잠하고 입을 열지 않았다.

8. 사람들이 정의를 짓밟고 그를 거칠게 끌고 갔다. 그가 살아 있는 사람들의 땅에서 끊어졌으니, 그 세대 사람들 가운데서 어느 누가 자기들의 죄 때문에 그가 죽임을 당했다고 생각하겠는가?

9. 그는 악한 일을 한 적이 없으며, 거짓말을 한 적이 없는데도 악한 사람들과 함께 묻혔으며, 그의 무덤이 부자들 사이에 있었다.

10. 그러나 그에게 상처를 입히고 고통을 준 것은 여호와의 뜻이었다. 여호와께서 그의 목숨을 죄를 씻는 제물인 속죄 제물로 삼으셨다. 그는 자기 자손을 볼 것이며, 오래오래 살 것이다. 여호와께서 바라시는 뜻을 그가 이룰 것이다.

11. "많은 고통을 겪은 뒤에 그는 고난의 결과를 보고 만족할 것이다. **내 의로운 종이 많은 사람을 의롭게 할 것이며, 그들의 죄를 짊어질 것이다.**

12. 그러므로 내가 그를 위대한 사람으로 높여 주며, 강한 사람들과 함께 재물을 나누어 가지게 하겠다. 그는 기꺼이 자기 목숨을 죽음에 내놓았으며 죄인 취급을 받았다. 그는 많은 사람의 죄를 짊어졌고, 죄지은 사람들을 대신해서 용서를 빌었다." [쉬운성경]

이상 이사야의 내용은 장차 초림으로 오실 예수님에 대한 예언입니다.

이 예언의 말씀과 같이 아들은 순종하시므로 다 이루셨습니다.

그러나 하나님의 뜻에 반대하는 세력들은 아주 해괴한 주장을 합니다.

이 예언의 성취는 일체이신 하나님 자신이 내려와 성취시켰다는 것입니다.

그렇다면 전지전능하시고 불멸 불사의 하나님이 죽었다 다시 살아났다는 말이 될 것입니다.

전지전능하신 불멸 불사의 하나님이 죽었다 다시 일어났다는 주장, 이 말처럼 하나님을 희롱하는 말 또한 없을 것입니다.

왜냐하면 하나님은 절대로 죽을 수 없는 분이시기 때문입니다.

분명 죽으신 분은 그분의 아들이시며 그를 다시 살리신 분은 그분의 아버지이십니다.

결코 전지전능하시고 불사불멸하신 하나님이 죽은 것처럼 연극을 하신 게 아니란 말입니다.

이런 사실도 성경은 다음과 같이 분명히 알려주고 있습니다.

고린도전서 15장

13. 만일 죽은 자의 부활이 없으면 그리스도도 다시 살아나지 못하셨으리라

14. 그리스도께서 만일 다시 살아나지 못하셨으면 우리가 전파하는 것도 헛것이요 또 너희 믿음도 헛것이며

15. 또 우리가 하나님의 거짓 증인으로 발견되리니 우리가 **하나님이 그리스도를 다시 살리셨다고 증언하였음이라** 만일 죽은 자가 다시 살아나는 일이 없으면 하나님이 그리스도를 다시 살리지 아니하셨으리라

더 이상 이상한 말에 속지 마십시오.

아래 경고의 말씀을 거울삼아 우리는 항상 깨어 있어야겠습니다.

[마 7:22] 그 날에 많은 사람이 나에게 말하기를 주님, 주님, 우리가 주님의 **이름으로 예언을** 하고 주님의 이름으로 귀신을 쫓아내고, 또 주님의 이름으로 **많은 기적을** 행하지 않았습니까?

[마 7:23] 그 때에 내가 그들에게 분명히 말할 것이다. "나는 너희를 도무지 알지 못한다. 불법을 행하는 자들아, 내게서 물러가라." [새번역]

아버지께서 나보다 위대하신 분이기 때문이다

아래 성구들을 주의 깊게 살펴보시기 바랍니다.

[요 14:28] 너희는 내가 갔다가 너희에게 다시 돌아오겠다고 말하는 것을 들었다. 만일 너희가 나를 사랑한다면 내가 아버지께로 가는 것을 기뻐할 것이다. 이것은 아버지께서 **나보다 위대하신 분이기 때문이다.** [쉬운성경]

[히 6:13] 하나님께서는 아브라함에게 약속하셨습니다. **하나님보다 더 위대한 분은 없으므로,** 하나님께서는 자기 이름으로 그에게 맹세하시며 말씀하셨습니다 [쉬운성경]

[요한복음 10:29] 그들을 나에게 주신 아버지는 그 무엇보다도 위대하신 분이시므로 아버지의 손에서 그들을 빼앗아 갈 자가 없다. [현대인의 성경]

[시 135: 5] 나는 알고 있다. 주님(여호와: 현대인의 성경)은 위대하신 분이며, 어느 신보다 위대하신 분이시다. [새번역]

[시 136: 3] 모든 주 가운데 가장 크신 주님께 감사하여라. 그 인자하심은 위대하다. [새번역]

그러므로 지금도 아들 예수님은 더 위대하신 분 아버지 하나님에게 충성을 다하여 섬기고 계십니다.

[히 8:1] 지금까지 우리가 말한 것의 요점은, 하늘에 계신 하나님의 오른쪽에 앉아 계신 대제사장이 우리와 함께 있다는 것입니다.
[히 8:2] 우리의 대제사장은 지극히 거룩한 곳인 성소에서 **섬기고 계십니다**. 그 곳은 사람이 세운 곳이 아니라 하나님께서 세우신 거룩한 장막이요, 참 성막입니다.

[히 3:1] 그러므로 거룩한 형제 여러분, 예수님에 대해서 깊이 생각하십시오. 여러분은 모두 하나님께서 부르신 사람들입니다. 하나님께서 우리에게 보내신 예수님은 우리 믿음의 사도이며 대제사장이 되십니다.
[히 3:2] 하나님의 집에서 모세가 그분이 바라시는 대로 충성을 다했던 것처럼, **예수님도 하나님께 충성하였습니다**. [쉬운성경]

이처럼 신구약 성경 모두 일관되게 가르치지 않습니까?

미가엘, 예수님이신가?

성경에 나오는 미가엘이 전능하신 성자 하나님 예수라고 주장하는 사람들이 있습니다. 그렇다면 하나님의 다른 이름이 미가엘이란 말인데 다음 성구를 보고 그게 사실인지 확인하여 보시기 바랍니다.

[단 10:13] 그런데 바사 왕국의 군주가 이십일 일 동안 나를 막았으므로 내가 거기 바사 왕국의 왕들과 함께 머물러 있더니 가장 높은 군주 중 하나인 미가엘이 와서 나를 도와 주므로

[단 10:21] 오직 내가 먼저 진리의 글에 기록된 것으로 네게 보이리라 나를 도와서 그들을 대항할 자는 너희의 군주 미가엘뿐이니라

[단 12:1] 그 때에 네 민족을 호위하는 큰 군주 미가엘이 일어날 것이요 또 환난이 있으리니 이는 개국 이래로 그 때까지 없던 환난일 것이며 그 때에 네 백성 중 책에 기록된 모든 자가 구원을 받을 것이라

[유 1:9] **천사장 미가엘이** 모세의 시체에 관하여 마귀와 다투어 변론

할 때에 감히 **비방하는 판결을 내리지 못하고** 다만 말하되 주께서 너를 꾸짖으시기를 원하노라 하였거늘

　전능하신 하나님이 사탄 마귀에게 '감히 비방하는 판결을 내리지 못하'시다니요?

　이미 우리는 하나님이 사탄에게 오래전에 '비방하는' 판결을 내리신 것을 잘 알고 있습니다.

　[창 3:15] 내가 너로 여자와 원수가 되게 하고 네 후손도 여자의 후손과 원수가 되게 하리니 여자의 후손은 네 머리를 상하게 할 것이요 너는 그의 발꿈치를 상하게 할 것이니라 하시고

　그리고 우리는 예수님이 지상에 계실 때 마귀를 정죄하신 사실 또한 잘 알고 있습니다.

　"너희는 너희 아비 마귀에게서 났으니 너희 아비의 욕심대로 너희도 행하고자 하느니라 그는 처음부터 살인한 자요, 진리가 그 속에 없으므로 진리에 서지 못하고 거짓을 말할 때마다 제 것으로 말하나니 이는 그가 거짓말쟁이요 거짓의 아비가 되었음이라."

예수님은 모든 피조물보다 먼저 나신 (the firstborn of every creature) 분이시다

골로새서 1장 15절

[Korean 한글킹제임스]

그는 보이지 않는 하나님의 형상이시며, 모든 피조물의 첫 태생이시니

[Korean 한글 개역]

그는 보이지 아니하시는 하나님의 형상이요 모든 창조물보다 먼저 나신 자니

[Korean 바른성경]

그분은 보이지 않는 하나님의 형상이며, 모든 피조물보다 먼저 나신 분이시다.

[Korean 킹제임스 흠정역(개정판)]

그분께서는 보이지 아니하는 하나님의 형상이시요 모든 창조물의 처음 난 자이시니

English KJV Colossians1:15 Who is the image of the invisible God, **the firstborn** of every creature:

[English NIV Colossians 1:15] He is the image of the invisible God, the firstborn over all creation.

[English RSV Colossians 1:15] He is the image of the invisible God, the first-born of all creation;

[World English Bible Colossians 1:15] who is the image of the invisible God, the **firstborn** of all creation

하지만 전능하신 하나님은 결코 모든 피조물보다 먼저 나신 자가 아닌, 영원 전부터 항상 계신 분이십니다.

그러나 아들 예수님은 **처음 나신자**이십니다.

참조성구

내가 그 밤에 애굽 땅에 두루 다니며 사람이나 짐승을 막론하고 애굽 땅에 있는 모든 처음 난 것을 다 치고 [출 12:12]

"이는 주의 율법에 쓴 바 첫 해에 처음 난(firstborn) 남자마다 주의 거룩한 자라 하리라" [눅 2:23]

"On that same night I will pass through Egypt and strike down every firstborn--both men and animals--and I will bring judgment on all the gods of Egypt. I am the LORD." [NIV]

이 두 성구도 비교하여 보시면서 firstborn의 의미를 다시 생각해보시기 바랍니다.

"내가 아버지로 말미암아 사는 것 같이 나를 먹는 그 사람도 나로 말미암아 살리라"

요한복음 6장입니다.

48. 내가 곧 생명의 떡이니라

49. 너희 조상들은 광야에서 만나를 먹었어도 죽었거니와

50. 이는 하늘에서 내려오는 떡이니 사람으로 하여금 먹고 죽지 아니하게 하는 것이니라

51. 나는 하늘에서 내려온 살아 있는 떡이니 사람이 이 떡을 먹으면 영생하리라 내가 줄 떡은 곧 세상의 생명을 위한 내 살이니라 하시니라

52. 그러므로 유대인들이 서로 다투어 이르되 이 사람이 어찌 능히 자기 살을 우리에게 주어 먹게 하겠느냐

53. 예수께서 이르시되 내가 진실로 진실로 너희에게 이르노니 인자의 살을 먹지 아니하고 인자 피를 마시지 아니하면 너희 속에 생명이 없느니라

54. 내 살을 먹고 내 피를 마시는 자는 영생을 가졌고 마지막 날에 내가 그를 다시 살리리니

55. 내 살은 참된 양식이요 내 피는 참된 음료로다

56. 내 살을 먹고 내 피를 마시는 자는 내 안에 거하고 나도 그의 안에 거하나니

57. 살아 계신 아버지께서 나를 보내시매 내가 아버지로 말미암아 사는 것 같이 나를 먹는 그 사람도 나로 말미암아 살리라

우리는 대속주 예수님으로 말미암아 살고 아들 예수님 또한 아버지 하나님이 그를 부활시키시므로 사시는 분이십니다.

그러나

다시 하는 말이지만 하나님은 결코 누구로 말미암아 사시는 분이 아니라 영원 전부터 스스로 살아 계시는 분이십니다.

이 차이는 엄청난 것입니다.

사실이 이러한데도 이분을 아버지와 같은 동격의 하나님으로 믿는다면, 우리도 아버지와 동격이라는 주장이 가능할지 모릅니다.

이 말이 지나친 논리의 비약 같습니까?

57절 다시 읽어 보겠습니다.

"내가 아버지로 말미암아 사는 것 같이 나를 먹는 그 사람도 나로 말미암아 살리라"

빌립보 2장 6~7절, 예수님은 하나님의 본체이신가?

이 빌립보서 2장 6, 7절은 삼위일체를 주장하시는 분들이 너무나 자주 인용하는 성구입니다.

아들 예수님이 이 땅에 오시기 전 하늘에 계실 때 그분은 하나님의 '본체'이시기 때문에 예수님은 바로 전능하신 하나님 맞다는 것입니다.

이 성구를 그대로 여기 옮겨보겠습니다.

빌립보서 2장입니다.

6. 그는 근본 하나님의 **본체(모르페)**시나 하나님과 동등됨을 취할 것으로 여기지 아니하시고

7. 오히려 자기를 비워 종의 형체(모르페)를 가지사 사람들과 같이 되셨고 *모르페: 관주 또는 형체

이 성구만큼 잘못 번역된 곳은 아마 성경 전체를 통틀어도 찾아보기 어려울 것 같습니다.

왜냐하면 이 두 성구는 같은 단어를 상반된 개념으로 번역하였기 때문입니다.

보시는 바와 같이 위 6절에 본체(원어 모르페)가 난외주에서는 '형체'로 번역될 수 있다고 하였습니다.

그리고 다음 7절에서는 같은 희랍어 '모르페'를 난외주가 안내하는 대로 '형체'로 번역하였습니다.

하지만 '본체'와 '형체'는 분명히 상반된 개념입니다.

여기서 잠깐, 이해를 돕기 위하여 본체의 원어 '모르페'가 다른 곳에선 어떻게 번역되었는지 살펴보시겠습니다.

"그 후에 그들 중 두 사람이 걸어서 시골로 갈 때에 예수께서 다른 모양(모르페)으로 그들에게 나타나시니" [막 16:12]

"경건의 모양(모르페)은 있으나 경건의 능력은 부인하니 이 같은 자들에게서 네가 돌아서라" [딤후 3:5]

빌립보서 2장 현대인의 성경을 보시겠습니다.

6. 그분은 원래 하나님의 모습을 지니고 계셨지만 하나님과 동등하게 되려고 생각하지 않으시고

7. 오히려 자기의 모든 특권을 버리시고 종의 모습으로 사람들과 같이 되어

8. 사람의 모양으로 나타나셨으며 자기를 낮추시고 십자가에 달려 죽기까지 순종하셨습니다

여기서 다시 한 번 자문해 보십시오.

예수님이 사람의 '모습'을 지니셨다고 해서 우리 인간이 아들 예수님과 동등이라 말할 수 있을까요?

요한복음 1장 1절

요한복음 1장 1절도 삼위일체론을 지지하시는 분들이 가장 많이 인용하는 성구 중 하나입니다.

그럼 요한복음 1장 1절을 올려보겠습니다.

태초에 말씀이 계시니라 이 말씀이 하나님과 함께 계셨으니 이 말씀은 곧 하나님이시니라. [개역개정]

다른 번역입니다.

한처음, 천지가 창조되기 전부터 말씀이 계셨다. 말씀은 하나님과 함께 계셨고 하나님과 똑같은 분이셨다. [공동번역 개정판]

하지만
여기 요한복음에서의 '말씀'이 전지전능하신 하나님이 하시는 소리 곧 '말씀'으로 이해하기란 참으로 어렵습니다.

먼저 구약 성경 시 110편 1절을 보시겠습니다.
"여호와께서 내 주에게 **말씀**하시되…… 내 우편에 앉아 있어라"
그럼 여기 "내 주에게 '말씀'하시는" 이 '말씀'은 또 누구일까요?

그리고 마가복음 9장 7절엔 다음과 같은 말씀도 있습니다.
'마침 구름이 와서 그들을 덮으며 구름 속에서 **소리가** 나되 이는 내 사랑하는 아들이니 너희는 그의 말을 들으라 하는지라.'

여기 구름 속에서 들리는 '소리'는 또 누구일까요?
제2의 또 다른 '말씀'이 있다는 말일까요?

이미 아들 예수님(말씀)은 사람의 모습으로 땅에 오셨고, 그 아들 머리 위에 '성령'(삼위 중 한 위)이 내려오셨는데 하늘에서는 또 다른 '말씀'이 있다니, 이건 또 다른 제2 제3의 '말씀'이 있다는 말일까요?
결코 아닐 것입니다.
그러므로 요한복음 1장 1절의 '말씀'을 하나님이 하시는 소리 곧 음성으로 이해할 게 아니라 하나님과 함께하시면서 늘 대화를 나누시는 한 개체로 이해하는 게 합리적이지 않을까요?
그렇다면 지상에 육신을 입고 오시기 전 성경은 왜 아들 예수님을 '말씀'이라 하셨을까요?

이 질문에 대한 답으로. [요한계시록 19:13]을 보시겠습니다.
"또 그가 피 뿌린 옷을 입었는데 그 이름은 **하나님의 말씀**이라 칭하더라."

바로 대언자로서의 이미지를 강하게 전하기 위하여 '로고스' 즉 '말씀'이라 이름 붙이시지 않았나 생각됩니다.

한편으로 위 계시록의 말씀으로 미루어보건대 이 땅에 오시기 전 아들 예수님의 이름이 '로고스(말씀)'가 아니었을까 하는 생각도 해보았습니다.

이제 다음 내용도 같이 살펴보시겠습니다.

창세기 제44장입니다.
1. 요셉이 집 관리인에게 명령하였다. '저 사람들이 가지고 갈 수 있을만큼 많이, 자루에 곡식을 담으시오. 그들이 가지고 온 돈도 각 사람의 자루 아귀에 넣으시오.
2. 그리고 어린 아이의 자루에다가는, 곡식 값으로 가지고 온 돈과 내가 쓰는 은잔을 함께 넣으시오.' 관리인은 요셉이 명령한 대로 하였다.
3. 다음날 동이 틀 무렵에, 그들은 나귀를 이끌고 길을 나섰다.
4. 그들이 아직 그 성읍에서 얼마 가지 않았을 때에, 요셉이 자기 집

관리인에게 말하였다. "빨리 저 사람들의 뒤를 쫓아가시오. 그들을 따라 잡거든, 그들에게 '너희는 왜 선을 악으로 갚느냐?

5. 1)어찌하려고 은잔을 훔쳐 가느냐? 그것은 우리 주인께서 마실 때에 쓰는 잔이요, 점을 치실 때에 쓰는 잔인 줄 몰랐느냐? 너희가 이런 일을 저지르다니, 매우 고약하구나!' 하고 호통을 치시오."

6. 관리인이 그들을 따라잡고서, 요셉이 시킨 말을 그들에게 그대로 하면서, 호통을 쳤다.

7. 그러자 그들이 그에게 말하였다. "어찌하여 그런 말씀을 하십니까? 소인들 가운데는 그런 일을 저지를 사람이 하나도 없습니다.

8. 지난번 자루 아귀에서 나온 돈을 되돌려 드리려고, 가나안 땅에서 여기까지 가지고 오지 않았습니까? 그런데 어떻게 우리가 그대의 상전 댁에 있는 은이나 금을 훔친다는 말입니까?

9. 소인들 가운데서 어느 누구에게서라도 그것이 나오면, 그를 죽여도 좋습니다. 그리고 나머지 우리는 주인의 종이 되겠습니다."

10. 그가 말하였다. "그렇다면 좋소. 당신들이 말한 대로 합시다. 그러나 누구에게서든지 그것이 나오면, 그 사람만이 우리 주인의 종이 되고, 당신들 나머지 사람들에게는 죄가 없소."

11. 그들은 얼른 각자의 자루를 땅에 내려놓고서 풀었다.

12. 관리인이 맏아들의 자루부터 시작하여 막내 아들의 자루까지 뒤지니, 그 잔이 베냐민의 자루에서 나왔다.

13. 이것을 보자, 그들은 슬픔이 북받쳐서 옷을 찢고 울면서, 저마다 나귀에 짐을 다시 싣고, 성으로 되돌아갔다.

14. 유다와 그의 형제들이 요셉의 집에 이르니, 요셉이 아직 거기에 있었다. 그들이 요셉 앞에 나아가서, 땅에 엎드리자,

15. 요셉이 호통을 쳤다. "당신들이 어찌하여 이런 일을 저질렀소? 나 같은 사람이 점을 쳐서 물건을 찾는 줄을, 당신들은 몰랐소?"

16. 유다가 대답하였다. "우리가 주인 어른께 무슨 할 말이 있겠습니까? 무슨 변명을 할 수 있겠습니까? 어찌 우리의 죄없음을 밝힐 수 있겠습니까? 하나님이 소인들의 죄를 들추어내셨으니, 우리와 이 잔을 가지고 간 아이가 모두 주인 어른의 종이 되겠습니다."

17. 요셉이 말하였다. "그렇게까지 할 것은 없소. 이 잔을 가지고 있다가 들킨 그 사람만 나의 종이 되고, 나머지는 평안히 당신들의 아버지께로 돌아가시오."

18. 유다가 그에게 가까이 가서 간청하였다. "이 종이 주인어른께 감히 한 말씀 드리는 것을 용서하여 주시기 바랍니다. 어른께서는 바로와 **꼭 같은 분**이시니, 이 종에게 너무 노여워하지 마시기 바랍니다. [쉬운성경]

위 성구에서 보듯 요셉의 형제들은 요셉을 두고 '바로와 꼭 같은 분'이라고 하였습니다.

공동 번역에서 한 요한복음 1장 1절과 꼭 같은 표현입니다.

그렇다고 해서 여기 요셉이 애굽의 '바로'왕 그 '바로'라 이해해도 괜찮을까요?

결코 아닐 것입니다.

마찬가지로 요한복음 1장 1절의 말씀을 두고 '하나님과 똑같은 분'이라고 하였다고 해서 아들 예수님을 바로 전능하신 아버지 하나님으로 이해하는 것은 아무래도 너무 오버하는 게 아닌가 생각됩니다.

[요일 2:1]
나의 자녀들아 내가 이것을 너희에게 씀은 너희로 죄를 범하지 않게 하려 함이라 만일 누가 죄를 범하여도 아버지 앞에서 우리에게 **대언자**가 있으니 곧 의로우신 예수 그리스도시라.

우리는 통상 어떤 정당 대변인을 두고 그 정당의 입이라고 말합니다.
이 경우 대변인이 그 정당 구성원들의 식사를 대신해 주는 입이라 말할 수 있을까요?
아무도 그렇게 생각하는 사람은 없습니다.

여기에서도 우리는 중요한 결단을 하지 않을 수 없습니다.
요한복음 1장 1절의 '말씀'을 바로 하나님 자신으로 이해를 할 것인지 아니면 창세기에서 보여주듯 바로로부터 전권을 위임받은 요셉처럼 하나님으로부터 전권을 위임받은 분으로 아버지와 '꼭 같은 분'이라 이해를 해야 할지를.

하나님의 말씀을 받은 사람들을 신이라 하셨다

요한복음 10장입니다.

이 내용도 우리가 요한복음 1장 1절을 이해하도록 돕는 말씀이 아닌가 생각합니다.

30. 나와 아버지는 하나이니라 하신대

31. 유대인들이 다시 돌을 들어 치려 하거늘

32. 예수께서 대답하시되 내가 아버지로 말미암아 여러 가지 선한 일로 너희에게 보였거늘 그중에 어떤 일로 나를 돌로 치려 하느냐

33. 유대인들이 대답하되 선한 일로 말미암아 우리가 너를 돌로 치려는 것이 아니라 신성모독으로 인함이니 **네가 사람이 되어 자칭 하나님이라 함이로라**

34. 예수께서 이르시되 너희 율법에 기록된 바 내가 너희를 **신(하나님:같은 원어)이라** 하였노라 하지 아니하였느냐

35. 성경은 폐하지 못하나니 **하나님의 말씀을 받은 사람들을 신이라 하셨거든** [시82편 6절 인용]

36. 하물며 아버지께서 거룩하게 하사 세상에 보내신 자가 나는 하나님의 아들이라 하는 것으로 너희가 어찌 신성모독이라 하느냐

37. 만일 내가 내 아버지의 일을 행하지 아니하거든 나를 믿지 말려니와

38. 내가 행하거든 나를 믿지 아니할지라도 그 일은 믿으라 그러면 너희가 아버지께서 내 안에 계시고 내가 아버지 안에 있음을 깨달아 알리라 하시니

여기 35절에서 예수님께서는 '하나님의 말씀을 받은 사람들을' 하나님이라 하셨습니다. 만약 예수님이 직접 구약 성경 시편을 들어 이렇게 설명을 하시지 않으셨다면 저 역시 요한복음 1장 1절의 "이 말씀은 곧 하나님이시니라." 혹은 "하나님과 똑같은 분이셨다."는 말씀을 이해하는 데 많은 어려움을 겪었을지 모릅니다.

'성경 변개에 대하여'(아이작 뉴턴)

영국의 세계적인 물리학자 아이작 뉴턴의 전기 '프린키피아의 천재'에 나와 있는 내용입니다.,

이 책의 주인공 뉴턴은 1690년 자신의 친구 로크에게 "성경의 두 가지 변조에 대한 역사적인 해설"이라는 제목의 논문을 보냈습니다. ('프린키피아의 천재' 377면, 사이언스 복스발행)

그는 이 논문에서 요한 1서 5장 7절과 디모데 전서 3장 16절, 이 두 성구를 '변조'라 지적하였습니다.

요한 1서 5장 7절은 오늘날 대부분 삼위일체를 지지하는 교단에서도 '변개'라는 사실을 알고 있습니다.

그럼 여기 디모데 전서 3장 16절 본문을 한글 킹제임스와 다른 번역들을 함께 올려보겠습니다.

디모데 전서 3장 16절

[Korean 한글킹제임스]

경건의 신비는 논쟁의 여지없이 위대하도다. 하나님께서는 육신으로 나타나셨고 성령으로 의롭게 되셨으며, 천사들에게 보이셨고 이방인들에게 전파되셨으며, 세상에서 믿은 바 되셨고 영광 가운데로 들려올라 가셨음이라.

[Korean 한글개역]

크도다 경건의 비밀이여, 그렇지 않다 하는 이 없도다. **그는** 육신으로 나타난 바 되시고 영으로 의롭다 하심을 입으시고 천사들에게 보이시고 만국에서 전파되시고 세상에서 믿은 바 되시고 영광 가운데서 올리우셨음이니라

[현대인의 성경]

경건의 비밀은 정말 놀랍습니다. 이것을 부정할 사람은 아무도 없습니다. **그리스도**는 육신으로 나타나셔서 영으로는 의롭다는 것이 입증되셨습니다. 그리고 천사들에게 보이셨고 모든 민족에게 전파되셨으며 온 세상 사람들의 믿음의 대상이 되셨고 영광중에 하늘로 올라가셨습니다.

[Korean 바른성경]

이 경건의 비밀은 참으로 위대하다. '**그분은** 육신으로 나타나시고, 성령으로 의롭다 하심을 얻으시며 천사들에게 보이시고, 나라들 가운데

전파되시며 세상에서 믿는바 되시고, 영광 가운데 올리우셨다.'

　이처럼 오래전부터 삼위일체론자들은 하나님의 말씀 성경도 '변개'하면서까지 삼위일체를 진리인양 가르쳐 왔다는 사실을 알 수 있습니다.

　'변개(變改)'가 아니라면 왜 삼위일체를 지지하는 교단에서조차 이 부분을 '하나님'이라 번역하지 않고 '그분' 혹은 '그리스도'라 번역하였을까요?

어떤 분은 디도서 2장 13절로 삼위일체를 주장하더군요

[디도서 2장, 개역개정판]

1. 오직 너는 바른 교훈에 합당한 것을 말하여

2. 늙은 남자로는 절제하며 경건하며 신중하며 믿음과 사랑과 인내함에 온전하게 하고

3. 늙은 여자로는 이와 같이 행실이 거룩하며 모함하지 말며 많은 술의 종이 되지 아니하며 선한 것을 가르치는 자들이 되고

4. 그들로 젊은 여자들을 교훈하되 그 남편과 자녀를 사랑하며

5. 신중하며 순전하며 집안 일을 하며 선하며 자기 남편에게 복종하게 하라 이는 하나님의 말씀이 비방을 받지 않게 하려 함이라

6. 너는 이와 같이 젊은 남자들을 신중하도록 권면하되

7. 범사에 네 자신이 선한 일의 본을 보이며 교훈에 부패하지 아니함과 단정함과

8. 책망할 것이 없는 바른 말을 하게 하라 이는 대적하는 자로 하여금 부끄러워 우리를 악하다 할 것이 없게 하려 함이라

9. 종들은 자기 상전들에게 범사에 순종하여 기쁘게 하고 거슬러 말

하지 말며

10. 훔치지 말고 오히려 모든 참된 신실성을 나타내게 하라 이는 범사에 우리 구주 하나님의 교훈을 빛나게 하려 함이라

11. 모든 사람에게 구원을 주시는 하나님의 은혜가 나타나

12. 우리를 양육하시되 경건하지 않은 것과 이 세상 정욕을 다 버리고 신중함과 의로움과 경건함으로 이 세상에 살고

13. **복스러운 소망과 우리의 크신 하나님 구주 예수 그리스도의 영광이 나타나심을 기다리게 하셨으니**

14. 그가 우리를 대신하여 자신을 주심은 모든 불법에서 우리를 속량하시고 우리를 깨끗하게 하사 선한 일을 열심히 하는 자기 백성이 되게 하려 하심이라

다른 번역을 보겠습니다.

디도서 2장 13절 공동번역입니다.

13. 그리고 위대하신 하나님과 우리 구세주 예수 그리스도께서 영광스럽게 나타나실 그 복된 희망의 날을 기다리게 해 줍니다.

다음은 새번역입니다.

13. 그래서 우리는 복된 소망 곧 **위대하신 하나님**과 우리 **구주 예수 그리스도의 영광**이 나타나기를 고대합니다.

[공동번역]은 신구 교단이 '공동'으로 번역한 성경을 말합니다.

어떤 신학대학 교수의 저서를 읽고(삼위일체와 관련하여)

먼저 『이야기 교회사. 상』(두란노 간 김기홍 저) 104면의 내용을 소개해드리겠습니다.

"실상 그리스도처럼 신비한 존재가 어디 있을까? 완전한 사람이면서 완전한 하나님이다. 하나님의 아들이면서 또한 하나님과 완전히 같은 존재이다. 예수 자신의 생각이 있고 아버지 하나님의 생각이 따로 있는데 둘은 두 분이 아닌 한 분 하나님이다. 이러한 정의는 성경에서 나왔다. 그러나 인간의 논리로는 잘 이해가 되지 않는다. 그래도 여러 가지 논리적인 설명을 시도해 보았으나 대부분은 이단으로 정죄되고 말았다.

예수 그리스도가 참 하나님이라는 교리는 여기 나타나는 삼위일체 교리의 형성을 통해서 확언된다. 그리고 그 분이 동시에 완전한 사람이라는 교리는 그리스도의 교리를 통해서 나타난다. 그것은 다음에 살펴보기로 하자. 이 두 교리는 우리를 겸손하게 만든다. 아직 하나님의 차원에는 우리의 논리로 설명할 수 없는 일이 많다. 그것은 우리가 이 육체를 벗은 뒤에 분명히 깨달을 것이다. 그리고 지금은 단지 믿을 뿐이다."

이 내용은 다음과 같이 요약할 수 있을 것입니다.

1: 삼위일체 교리는 성경에 분명히 나와 있는 교리이나 우리는 이해할 수 없다.
2: 논리로 설명할 수도 없다.
3: 지금은 단지 믿을 뿐이다.

그렇다면 다음과 같은 의문을 갖지 않을 수 없습니다.
어떻게 자신들도 이해할 수 없는 내용이 성경의 중심 교리가 될 수 있지요?
그러나 그들은 이렇게 대답할 것입니다.
"그게 성경에 나와 있는 교리이니까."

그럼 그 반대 교리 즉 삼위일체 교리와 결코 조화로울 수 없는 반삼위일체 교리는 성경에 나와 있지 않다는 말입니까?
그런 내용이 성경에 전혀 없는데 반삼위일체론자들이 억지로 삼위일체를 반대한다고 생각되십니까?

왜 그들은 성경에 분명히 나와 있는 '아버지는 나보다 위대하신 분'이란 말엔 눈을 감는가? 왜 그들은, 예수님께서는 아버지 하나님에게 경외하는 마음으로 복종하시며 하늘에 가서도 대제사장의 직분으로 숭배를 드리신다는 성경 말씀을 무시하는가?

왜 예수님의 머리는 하나님이란 말에는 엉뚱한 말로 대응을 하는가?

왜 하늘에서나 땅에서나 아버지에게 간구하시는 중보자 아들 예수님에 대하여서는 함구를 하는가?

이 같은 성구들을 지지하며, 왜 그들이 잘 이해하지 못하는 부분에 대하여 '우리가 이 육체를 벗은 뒤에 분명히 깨달을 것이다', 라고 말할 수는 없는가?

내가 네 손을 잡아 너를 보호하며 너를 세워

이사야 42장

주의 종

1. 내가 붙드는 **나의 종**, 내 마음에 기뻐하는 자 곧 내가 택한 사람을 보라 내가 **나의 영을 그에게 주었은즉** 그가 이방에 정의를 베풀리라

2. 그는 외치지 아니하며 목소리를 높이지 아니하며 그 소리를 거리에 들리게 하지 아니하며

3. 상한 갈대를 꺾지 아니하며 꺼져가는 등불을 끄지 아니하고 진실로 정의를 시행할 것이며

4. 그는 쇠하지 아니하며 낙담하지 아니하고 세상에 정의를 세우기에 이르리니 섬들이 그 교훈을 앙망하리라

5. 하늘을 창조하여 펴시고 땅과 그 소산을 내시며 땅 위의 백성에게 호흡을 주시며 땅에 행하는 자에게 영을 주시는 하나님 여호와께서 이같이 말씀하시되

6. 나 여호와가 의로 너를 불렀은즉 내가 네 손을 잡아 **너를 보호하며**

너를 세워 백성의 언약과 이방의 빛이 되게 하리니

7. 네가 눈먼 자들의 눈을 밝히며 갇힌 자를 감옥에서 이끌어 내며 흑암에 앉은 자를 감방에서 나오게 하리라

8. 나는 여호와이니 이는 내 이름이라 나는 내 영광을 다른 자에게, 내 찬송을 우상에게 주지 아니하리라

9. 보라 전에 예언한 일이 이미 이루어졌느니라 이제 내가 새 일을 알리노라 그 일이 시작되기 전에라도 너희에게 이르노라.

전지전능하신 하나님이 누구로부터 보호를 받아야 하실 그런 분이신가요?

엘로힘, 삼위일체를 말하는가?

구약에 엘로힘이란 말은 수백 번도 더 나옵니다.

이 말은 우리말 성경에서 하나님 혹은 신으로 번역되었습니다.

그런데 한국의 대표적 신학자이며 고신대 총장을 역임하신 오병세 박사는 그의 저서 『구약성경신학』에서, 이 말은 재판관에게도 적용하였다고 기술하고 있습니다(구약성경신학 57면. 개혁주의 신행협회).

그리고 파리 가톨릭 대학원장이신 H. 까젤은 그의 저서 『모세의 율법』 38면(한국어 판)에서, "엘로힘이라는 명사는 여러 가지 의미를 지니며. 이 단어는 하나님, 천사, 국가를 통치하는 정부에도 적용된다."고 하였습니다,

여기 사사기 13장 삼손 부모의 대화 내용을 살펴보시겠습니다.

1. 이스라엘 자손이 다시 여호와의 목전에 악을 행하였으므로 여호와

께서 그들을 사십 년 동안 블레셋 사람의 손에 넘겨주시니라.

2. 소라 땅에 단 지파의 가족 중에 마노아라 이름하는 자가 있더라. 그의 아내가 임신하지 못하므로 출산하지 못하더니

3. 여호와의 사자가 그 여인에게 나타나서 그에게 이르시되 보라 네가 본래 임신하지 못하므로 출산하지 못하였으나 이제 임신하여 아들을 낳으리니

4. 그러므로 너는 삼가 포도주와 독주를 마시지 말며 어떤 부정한 것도 먹지 말지니라

5. 보라 네가 임신하여 아들을 낳으리니 그의 머리 위에 삭도를 대지 말라 이 아이는 태에서 나옴으로부터 하나님께 바쳐진 나실인이 됨이라 그가 블레셋 사람의 손에서 이스라엘을 구원하기 시작하리라 하시니

6. 이에 그 여인이 가서 그의 남편에게 말하여 이르되 하나님의 사람이 내게 오셨는데 그의 모습이 하나님의 사자의 용모 같아서 심히 두려우므로 어디서부터 왔는지를 내가 묻지 못하였고 그도 자기 이름을 내게 이르지 아니하였으며

7. 그가 내게 이르기를 보라 네가 임신하여 아들을 낳으리니 이제 포도주와 독주를 마시지 말며 어떤 부정한 것도 먹지 말라 이 아이는 태에서부터 그가 죽는 날까지 하나님께 바쳐진 나실인이 됨이라 하더이다 하니라

8. 마노아가 여호와께 기도하여 이르되 주여 구하옵나니 주께서 보내셨던 하나님의 사람을 우리에게 다시 오게 하사 우리가 그 낳을 아이에게 어떻게 행할지를 우리에게 가르치게 하소서 하니

9. 하나님이 마노아의 목소리를 들으시니라 여인이 밭에 앉았을 때에 하나님의 사자가 다시 그에게 임하였으나 그의 남편 마노아는 함께 있지 아니한지라

10. 여인이 급히 달려가서 그의 남편에게 알리어 이르되 보소서 전일에 내게 오셨던 그 사람이 내게 나타났나이다 하매

11. 마노아가 일어나 아내를 따라가서 그 사람에게 이르러 그에게 묻되 당신이 이 여인에게 말씀하신 그 사람이니이까 하니 이르되 내가 그로다 하니라

12. 마노아가 이르되 이제 당신의 말씀대로 되기를 원하나이다 이 아이를 어떻게 기르며 우리가 그에게 어떻게 행하리이까

13. 여호와의 사자가 마노아에게 이르되 내가 여인에게 말한 것들을 그가 다 삼가서

14. 포도나무의 소산을 먹지 말며 포도주와 독주를 마시지 말며 어떤 부정한 것도 먹지 말고 내가 그에게 명령한 것은 다 지킬 것이니라 하니라

15. 마노아가 여호와의 사자에게 말하되 구하옵나니 당신은 우리에게 머물러서 우리가 당신을 위하여 염소 새끼 하나를 준비하게 하소서 하니

16. 여호와의 사자가 마노아에게 이르되 네가 비록 나를 머물게 하나 내가 네 음식을 먹지 아니하리라 번제를 준비하려거든 마땅히 여호와께 드릴지니라 하니 이는 그가 여호와의 사자인 줄을 마노아가 알지 못함이었더라

17. 마노아가 또 여호와의 사자에게 말하되 당신의 이름이 무엇이니 이까 당신의 말씀이 이루어질 때에 우리가 당신을 존귀히 여기리이다 하니

18. 여호와의 사자가 그에게 이르되 어찌하여 내 이름을 묻느냐 내 이름은 기묘자라 하니라

19. 이에 마노아가 염소 새끼와 소제물을 가져다가 바위 위에서 여호와께 드리매 이적이 일어난지라 마노아와 그의 아내가 본즉

20. 불꽃이 제단에서부터 하늘로 올라가는 동시에 여호와의 사자가 제단 불꽃에 휩싸여 올라간지라 마노아와 그의 아내가 그것을 보고 그들의 얼굴을 땅에 대고 엎드리니라

21. 여호와의 사자가 마노아와 그의 아내에게 다시 나타나지 아니하니 마노아가 그제야 그가 **여호와의 사자인 줄 알고**

22. 그의 아내에게 이르되 우리가 **하나님을 보았으니** 반드시 죽으리로다 하니

23. 그의 아내가 그에게 이르되 여호와께서 우리를 죽이려 하셨더라면 우리 손에서 번제와 소제를 받지 아니하셨을 것이요 이 모든 일을 보이지 아니하셨을 것이며 이제 이런 말씀도 우리에게 이르지 아니하셨으리이다 하였더라.

위 21절에서 삼손의 아버지 마노아가 자신 앞에 나타나신 분을 '하나님의 사자인 줄 알고' 그리고 그가 한 말,
'우리가 하나님을 보았다'고 하였습니다.

그럼 그가 한 말의 의미는 무엇일까요?

하나님의 천사가 곧 전지전능하신 하나님이란 의미일까요?

결코 그런 의미는 아닐 것입니다.

이상 예에서 보듯 '하나님'이란 단어를 보고 모두 전지전능하신 하나님으로 이해해서는 안 될 것입니다.

이 성경 말씀, 모두가 당신의 눈에 거슬리십니까?

에베소서 1장

15. 이로 말미암아 주 예수 안에서 너희 믿음과 모든 성도를 향한 사랑을 나도 듣고

16. 내가 기도할 때에 기억하며 너희로 말미암아 감사하기를 그치지 아니하고

17. 우리 주 예수 그리스도의 하나님, 영광의 아버지께서 지혜와 계시의 영을 너희에게 주사 하나님을 알게 하시고

18. 너희 마음의 눈을 밝히사 그의 부르심의 소망이 무엇이며 성도 안에서 그 기업의 영광의 풍성함이 무엇이며

19. 그의 힘의 위력으로 역사하심을 따라 믿는 우리에게 베푸신 능력의 지극히 크심이 어떠한 것을 너희로 알게 하시기를 구하노라

20. 그의 능력이 그리스도 안에서 역사하사 죽은 자들 가운데서 **다시 살리시고 하늘에서 자기의 오른편에 앉히사**

21. 모든 통치와 권세와 능력과 주권과 이 세상뿐 아니라 오는 세상에 일컫는 모든 이름 위에 뛰어나게 하시고

22. 또 만물을 그의 발 아래에 복종하게 하시고 **그를 만물 위에 교회의 머리로 삼으셨느니라.**

고린도전서 11장

1. 내가 그리스도를 본받는 자가 된 것 같이 너희는 나를 본받는 자가 되라

2. 너희가 모든 일에 나를 기억하고 또 내가 너희에게 전하여 준 대로 그 전통을 너희가 지키므로 너희를 칭찬하노라

3. 그러나 나는 너희가 알기를 원하노니 각 남자의 머리는 그리스도 요 여자의 머리는 남자요 **그리스도의 머리는 하나님이시라**

고린도전서 15장

23. 그러나 각각 자기 차례대로 되리니 먼저는 첫 열매인 그리스도요 다음에는 그가 강림하실 때에 그리스도에게 속한 자요

24. 그 후에는 마지막이니 그가 모든 통치와 모든 권세와 능력을 멸하시고 나라를 아버지 하나님께 바칠 때라

25. 그가 모든 원수를 그 발아래에 둘 때까지 반드시 왕 노릇 하시리니

26. 맨 나중에 멸망 받을 원수는 사망이니라.

27. **만물을 그의 발아래에 두셨다 하셨으니** 만물을 아래에 둔다 말씀하실 때에 만물을 그의 아래에 두신 이가 그중에 들지 아니한 것이 분명하도다.

위 성구와 앞에 소개된 [아타나시우스신경]과 비교하여 보십시오.

이 둘 중 조화롭지 못한 부분을 분명히 찾아내실 수 있을 것입니다.

고린도후서 4장 2절입니다.

[개역한글]

이에 숨은 부끄러움의 일을 버리고 궤휼 가운데 행하지 아니하며 하나님의 말씀을 **혼잡케** 아니하고 오직 진리를 나타냄으로 하나님 앞에서 각 사람의 양심에 대하여 스스로 천거하노라

[공동번역]

우리는 드러내지 못할 창피스러운 일들을 다 버렸으며 간교한 행동도 하지 않았고 하나님의 말씀을 **비뚤어지게** 전하지도 않았습니다. 그리고 진리를 밝혀 드러내었으니 우리는 하나님 앞에나 모든 사람의 양심 앞에 우리 자신을 떳떳하게 내세울 수 있습니다.

[새번역]

우리는 부끄러워서 드러내지 못할 일들을 배격하였습니다. 우리는 간교하게 행하지도 않고, 하나님의 말씀을 **왜곡하지도 않습니다.** 우리는 진리를 환히 드러냄으로써, 하나님 앞에서 모든 사람의 양심에 우리 자

신을 떳떳하게 내세웁니다.

[현대인의 성경]
　오히려 우리는 은밀하고 부끄러운 일과 간사한 행동을 버렸으며 하나님의 말씀을 **어렵고 복잡하게** 전하지 않고 다만 진리를 분명하게 전함으로 하나님 앞과 모든 사람 앞에 거리낌없이 생활합니다.

무릇 너희를 죽이는 자가 생각하기를

요한복음 16장

1. 내가 이것을 너희에게 이름은 너희로 실족하지 않게 하려 함이니

2. **사람들이 너희를 출교할 뿐 아니라 때가 이르면 무릇 너희를 죽이는 자가 생각하기를 이것이 하나님을 섬기는 일이라 하리라**

3. 그들이 이런 일을 할 것은 아버지와 나를 알지 못함이라

4. 오직 너희에게 이 말을 한 것은 너희로 그 때를 당하면 내가 너희에게 말한 이것을 기억나게 하려 함이요 처음부터 이 말을 하지 아니한 것은 내가 너희와 함께 있었음이라

5. 지금 내가 나를 보내신 이에게로 가는데 너희 중에서 나더러 어디로 가는지 묻는 자가 없고

6. 도리어 내가 이 말을 하므로 너희 마음에 근심이 가득하였도다

7. 그러나 내가 너희에게 실상을 말하노니 내가 떠나가는 것이 너희에게 유익이라 내가 떠나가지 아니하면 보혜사가 너희에게로 오시지 아니할 것이요 가면 내가 그를 너희에게로 보내리니

8. 그가 와서 죄에 대하여, 의에 대하여, 심판에 대하여 세상을 책망

하시리라

9. 죄에 대하여라 함은 그들이 나를 믿지 아니함이요

10. 의에 대하여라 함은 내가 아버지께로 가니 너희가 다시 나를 보지 못함이요

11. 심판에 대하여라 함은 이 세상 임금이 심판을 받았음이라

12. 내가 아직도 너희에게 이를 것이 많으나 지금은 너희가 감당하지 못하리라

13. 그러나 진리의 성령이 오시면 그가 너희를 모든 진리 가운데로 인도하시리니 그가 **스스로 말하지 않고** 오직 들은 것을 말하며 장래 일을 너희에게 알리시리라

히브리서 2장입니다.

14. 자녀들은 살과 피를 가졌기 때문에 예수님도 그들과 마찬가지로 인간성을 지니셨습니다.

이것은 자신의 죽음을 통해서 죽음의 권세를 잡은 마귀를 멸망시키시고

15. 일생 동안 죽음의 공포에서 종살이하는 모든 사람들을 해방시키기 위한 것입니다.

16. 주님은 천사들을 도우려고 오신 것이 아니라 아브라함의 후손들을 도우려고 오셨습니다.

17. 그러므로 주님은 모든 점에서 자기 형제들과 같이 되셔야 했습니다.

이것은 하나님을 섬기는 일에 자비롭고 충성스러운 **대제사장이 되어** 백성들의 죄가 용서 받도록 하기 위한 것입니다. [현대인의 성경]

히브리서 8장

1. 지금 우리가 하는 말의 요점은 이러한 대제사장이 우리에게 있다는 것이라 그는 하늘에서 지극히 크신 이의 보좌 우편에 앉으셨으니

2. 성소와 참 장막에서 **섬기는 이시라** 이 장막은 주께서 세우신 것이요 사람이 세운 것이 아니니라.

삼위일체가 니케아 종교회의에서 공인된 이후 이 교리를 받아들이지 않은 사람들은 많은 박해를 받았으며, 심지어 죽임을 당하기까지 하였다는 것은 역사적인 사실입니다.

이것은 너무나 심각한 문제가 아닐 수 없습니다.

율법 시대가 아닌 은혜의 시대 신약성경 어디를 봐도 참 그리스도인들이 다른 믿음을 가진 사람을 칼이나 불로 직접 죽인 경우는 찾아볼 수가 없기 때문입니다.

누가복음 9장

54. 제자 야고보와 요한이 이를 보고 가로되 주여 우리가 불을 명하여 하늘로 좇아 내려 저희를 멸하라 하기를 원하시나이까

55. 예수께서 돌아보시며 꾸짖으시고

56. 함께 다른 촌으로 가시니라

다음 말씀 다시 묵상해 보셨으면 합니다.

[요한복음 16:2]

"사람들이 너희를 출교할 뿐 아니라 때가 이르면 무릇 너희를 죽이는 자가 생각하기를 이것이 하나님을 섬기는 일이라 하리라."

하나님 자신이 변신하시어 이 땅에 화목제물로 오셨는가?

요한1서 4장

1. 사랑하는 자들아 영을 다 믿지 말고 **오직 영들이 하나님께 속하였나 분별하라 많은 거짓 선지자가 세상에 나왔음이라**

2. 이로써 너희가 하나님의 영을 알지니 곧 예수 그리스도께서 육체로 오신 것을 시인하는 영마다 하나님께 속한 것이요

3. 예수를 시인하지 아니하는 영마다 하나님께 속한 것이 아니니 이것이 곧 적그리스도의 영이니라 오리라 한 말을 너희가 들었거니와 지금 벌써 세상에 있느니라

4. 자녀들아 너희는 하나님께 속하였고 또 그들을 이기었나니 이는 너희 안에 계신 이가 세상에 있는 자보다 크심이라

5. 그들은 세상에 속한 고로 세상에 속한 말을 하매 세상이 그들의 말을 듣느니라

6. 우리는 하나님께 속하였으니 하나님을 아는 자는 우리의 말을 듣고 하나님께 속하지 아니한 자는 우리의 말을 듣지 아니하나니 진리의 영과 미혹의 영을 이로써 아느니라

7. 사랑하는 자들아 우리가 서로 사랑하자 사랑은 하나님께 속한 것이니 사랑하는 자마다 하나님으로부터 나서 하나님을 알고

8. 사랑하지 아니하는 자는 하나님을 알지 못하나니 이는 하나님은 사랑이심이라

9. 하나님의 사랑이 우리에게 이렇게 나타난 바 되었으니 하나님이 **자기의 독생자를 세상에 보내심은** 그로 말미암아 우리를 살리려 하심이라

10. 사랑은 여기 있으니 우리가 하나님을 사랑한 것이 아니요 하나님이 우리를 사랑하사 우리 죄를 속하기 위하여 **화목제물로 그 아들을 보내셨음이라**

너희는 그리스도의 것이요 그리스도는 하나님의 것이니라

고린도전서 3장

1. 형제들아 내가 신령한 자들을 대함과 같이 너희에게 말할 수 없어서 육신에 속한 자 곧 그리스도 안에서 어린 아이들을 대함과 같이 하노라

2. 내가 너희를 젖으로 먹이고 밥으로 아니하였노니 이는 너희가 감당하지 못하였음이거니와 지금도 못하리라

3. 너희는 아직도 육신에 속한 자로다 너희 가운데 시기와 분쟁이 있으니 어찌 육신에 속하여 사람을 따라 행함이 아니리요

4. 어떤 이는 말하되 나는 바울에게라 하고 다른 이는 나는 아볼로에게라 하니 너희가 육의 사람이 아니리요

5. 그런즉 아볼로는 무엇이며 바울은 무엇이냐 그들은 주께서 각각 주신 대로 너희로 하여금 믿게 한 사역자들이니라

6. 나는 심었고 아볼로는 물을 주었으되 오직 하나님께서 자라나게 하셨나니

7. 그런즉 심는 이나 물 주는 이는 아무 것도 아니로되 오직 자라게 하

시는 이는 하나님뿐이니라

8. 심는 이와 물 주는 이는 한가지이나 각각 자기가 일한 대로 자기의 상을 받으리라

9. 우리는 하나님의 동역자들이요 너희는 하나님의 밭이요 하나님의 집이니라

10. 내게 주신 하나님의 은혜를 따라 내가 지혜로운 건축자와 같이 터를 닦아 두매 다른 이가 그 위에 세우나 그러나 각각 어떻게 그 위에 세울까를 조심할지니라

11. 이 닦아 둔 것 외에 능히 다른 터를 닦아 둘 자가 없으니 이 터는 곧 예수 그리스도라

12. 만일 누구든지 금이나 은이나 보석이나 나무나 풀이나 짚으로 이 터 위에 세우면

13. 각 사람의 공적이 나타날 터인데 그 날이 공적을 밝히리니 이는 불로 나타내고 그 불이 각 사람의 공적이 어떠한 것을 시험할 것임이라

14. 만일 누구든지 그 위에 세운 공적이 그대로 있으면 상을 받고

15. 누구든지 그 공적이 불타면 해를 받으리니 그러나 자신은 구원을 받되 불 가운데서 받은 것 같으리라

16. 너희는 너희가 하나님의 성전인 것과 하나님의 성령이 너희 안에 계시는 것을 알지 못하느냐

17. 누구든지 하나님의 성전을 더럽히면 하나님이 그 사람을 멸하시리라 하나님의 성전은 거룩하니 너희도 그러하니라

18. 아무도 자신을 속이지 말라 너희 중에 누구든지 이 세상에서 지혜

있는 줄로 생각하거든 어리석은 자가 되라 그리하여야 지혜로운 자가 되리라

19. 이 세상 지혜는 하나님께 어리석은 것이니 기록된바 **하나님은 지혜 있는 자들로 하여금 자기 꾀에 빠지게 하시는 이라** 하였고

20. 또 주께서 지혜 있는 자들의 생각을 헛것으로 아신다 하셨느니라

21. 그런즉 누구든지 사람을 자랑하지 말라 만물이 다 너희 것임이라

22. 바울이나 아볼로나 게바나 세계나 생명이나 사망이나 지금 것이나 장래 것이나 다 너희의 것이요

23. **너희는 그리스도의 것이요 그리스도는 하나님의 것이니라**

저의 좀 긴 인용 성구에 의문을 가지는 분들이 있을지 모르겠습니다.

하지만 저는 인간의 성경 해설이란 게 얼마나 많은 해독을 끼쳐 왔는지 잘 알고 있습니다.

그런 이유로 할 수만 있다면 저의 해설보다는 성경 말씀 소개 정도로 말씀을 이해하도록 돕고자 합니다.

이것은 우리가 성경 통독을 해야 하는 이유이기도 합니다.

예수님은 하나님의 의로운 종이십니다

이사야서 52장입니다.

고난받는 종

13. 보라 **내 종이** 형통하리니 받들어 높이 들려서 지극히 존귀하게 되리라

14. 전에는 그의 모양이 타인보다 상하였고 그의 모습이 사람들보다 상하였으므로 많은 사람이 그에 대하여 놀랐거니와

15. 그가 나라들을 놀라게 할 것이며 왕들은 그로 말미암아 그들의 입을 봉하리니 이는 그들이 아직 그들에게 전파되지 아니한 것을 볼 것이요 아직 듣지 못한 것을 깨달을 것임이라

이사야 53장입니다.

1. 우리가 전한 것을 누가 믿었느냐 여호와의 팔이 누구에게 나타났느냐

2. 그는 주 앞에서 자라나기를 연한 순 같고 마른 땅에서 나온 뿌리 같

아서 고운 모양도 없고 풍채도 없은즉 우리가 보기에 흠모할 만한 아름다운 것이 없도다

3. 그는 멸시를 받아 사람들에게 버림받았으며 간고를 많이 겪었으며 질고를 아는 자라 마치 사람들이 그에게서 얼굴을 가리는 것 같이 멸시를 당하였고 우리도 그를 귀히 여기지 아니하였도다

4. 그는 실로 우리의 질고를 지고 우리의 슬픔을 당하였거늘 우리는 생각하기를 그는 징벌을 받아 하나님께 맞으며 고난을 당한다 하였노라

5. 그가 찔림은 우리의 허물 때문이요 그가 상함은 우리의 죄악 때문이라 그가 징계를 받으므로 우리는 평화를 누리고 그가 채찍에 맞으므로 우리는 나음을 받았도다

6. 우리는 다 양 같아서 그릇 행하여 각기 제 길로 갔거늘 여호와께서는 우리 모두의 죄악을 그에게 담당시키셨도다

7. 그가 곤욕을 당하여 괴로울 때에도 그의 입을 열지 아니하였음이여 마치 도수장으로 끌려 가는 어린 양과 털 깎는 자 앞에서 잠잠한 양 같이 그의 입을 열지 아니하였도다

8. 그는 곤욕과 심문을 당하고 끌려 갔으나 그 세대 중에 누가 생각하기를 그가 살아 있는 자들의 땅에서 끊어짐은 마땅히 형벌 받을 내 백성의 허물 때문이라 하였으리요

9. 그는 강포를 행하지 아니하였고 그의 입에 거짓이 없었으나 그의 무덤이 악인들과 함께 있었으며 그가 죽은 후에 부자와 함께 있었도다

10. 여호와께서 그에게 상함을 받게 하시기를 원하사 질고를 당하게 하셨은즉 그의 영혼을 속건제물로 드리기에 이르면 그가 씨를 보게 되

며 그의 날은 길 것이요 또 그의 손으로 여호와께서 기뻐하시는 뜻을 성취하리로다

11. 그가 자기 영혼의 수고한 것을 보고 만족하게 여길 것이라 나의 의로운 종이 자기 지식으로 많은 사람을 의롭게 하며 또 그들의 죄악을 친히 담당하리로다

12. 그러므로 내가 그에게 존귀한 자와 함께 몫을 받게 하며 강한 자와 함께 탈취한 것을 나누게 하리니 이는 그가 자기 **영혼을 버려 사망에 이르게 하며** 범죄자 중 하나로 헤아림을 받았음이니라 그러나 그가 많은 사람의 죄를 담당하며 범죄자를 위하여 기도하였느니라

여기서도 '영혼은 불사불멸'이 아님을 말하고 있네요.

신약에서도 예수님은 하나님께서 택하신 종이십니다

마태복음 12장

17. 이는 선지자 이사야를 통하여 말씀하신 바

18. 보라 내가 **택한 종** 곧 내 마음에 기뻐하는 바 내가 사랑하는 자로다 내가 내 영을 그에게 줄 터이니 그가 심판을 이방에 알게 하리라

19. 그는 다투지도 아니하며 들레지도 아니하리니 아무도 길에서 그 소리를 듣지 못하리라

20. 상한 갈대를 꺾지 아니하며 꺼져가는 심지를 끄지 아니하기를 심판하여 이길 때까지 하리니

21. 또한 이방들이 그의 이름을 바라리라 함을 이루려 하심이니라

사도행전 4장

23. 사도들이 놓이매 그 동류에게 가서 제사장들과 장로들의 말을 다 고하니

24. 저희가 듣고 일심으로 하나님께 소리를 높여 가로되 대주재여 천지와 바다와 그 가운데 만유를 지은 이시요

25. 또 주의 종 우리 조상 다윗의 입을 의탁하사 성령으로 말씀하시기를 어찌하여 열방이 분노하며 족속들이 허사를 경영하였는고

26. 세상의 군왕들이 나서며 관원들이 함께 모여 주와 그 그리스도를 대적하도다 하신 이로소이다

27. 과연 헤롯과 본디오 빌라도는 이방인과 이스라엘 백성과 합세하여 하나님께서 기름 부으신 거룩한 종 예수를 거슬러

28. 하나님의 권능과 뜻대로 이루려고 예정하신 그것을 행하려고 이 성에 모였나이다

29. 주여 이제도 저희의 위협함을 하감하옵시고 또 종들로 하여금 담대히 하나님의 말씀을 전하게 하여 주옵시며

30. 손을 내밀어 병을 낫게 하옵시고 표적과 기사가 **거룩한 종** 예수의 이름으로 이루어지게 하옵소서 하더라

31. 빌기를 다하매 모인 곳이 진동하더니 무리가 다 성령이 충만하여 담대히 하나님의 말씀을 전하니라

[요한복음 13:16]

내가 진실로 진실로 너희에게 이르노니 종이 상전보다 크지 못하고 보냄을 받은 자가 보낸 자보다 크지 못하니

예수님의 재림 때 함께 오실 전능하신 하나님

(계시록 1장 8절에 대한 오해)

[요한계시록 1:8]

"주 하나님이 이르시되 나는 알파와 오메가라 이제도 있고 전에도 있었고 장차 **올 자요 전능한 자**라 하시더라."

삼위일체를 믿으시는 분들이면 위 계시록 1장 8절을 두고 예수님이 바로 전능하신 하나님이라 주장하기도 합니다.

이와 관련하여 하나님의 '강림'이란 말과 관련한 성경적 견해를 다시 살펴보려고 합니다.

[출 19:11] 준비하게 하여 셋째 날을 기다리게 하라 이는 셋째 날에 나 여호와가 온 백성의 목전에서 시내 산에 **강림**할 것임이니

[출 19:18] 시내 산에 연기가 자욱하니 여호와께서 불 가운데서 거기 강림하심이라 그 연기가 옹기 가마 연기 같이 떠오르고 온 산이 크게 진

동하며

[출 19:20] 여호와께서 시내 산 곧 그 산 꼭대기에 강림하시고 모세를 그리로 부르시니 모세가 올라가매

[출 34:5] 여호와께서 구름 가운데에 강림하사 그와 함께 거기 서서 여호와의 이름을 선포하실새

[민 11:17] 내가 **강림**하여 거기서 너와 말하고 네게 임한 영을 그들에게도 임하게 하리니 그들이 너와 함께 백성의 짐을 담당하고 너 혼자 담당하지 아니하리라

[민 11:25] 여호와께서 구름 가운데 강림하사 모세에게 말씀하시고 그에게 임한 영을 칠십 장로에게도 임하게 하시니 영이 임하신 때에 그들이 예언을 하다가 다시는 하지 아니하였더라

[민 12:5] 여호와께서 구름 기둥 가운데로부터 강림하사 장막 문에 서시고 아론과 미리암을 부르시는지라 그 두 사람이 나아가매

[신 33:2] **그가 일렀으되 여호와께서 시내 산에서 오시고 세일 산에서 일어나시고 바란 산에서 비추시고 일만 성도 가운데에 강림하셨고 그의 오른손에는 그들을 위해 번쩍이는 불이 있도다**

[삼하 22:10] 그가 또 하늘을 드리우고 강림하시니 그의 발아래는 어두캄캄하였도다

[느 9:13] 또 시내 산에 **강림**하시고 하늘에서부터 그들과 말씀하사 정직한 규례와 진정한 율법과 선한 율례와 계명을 그들에게 주시고

[시 18:9] 그가 또 하늘을 드리우시고 **강림**하시니 그의 발 아래는 어두캄캄하도다

[시 144:5] 여호와여 주의 하늘을 드리우고 강림하시며 산들에 접촉하사 연기를 내게 하소서

[사 11:2] 그의 위에 여호와의 영 곧 지혜와 총명의 영이요 모략과 재능의 영이요 지식과 여호와를 경외하는 영이 강림하시리니

[사 31:4] 여호와께서 이같이 내게 이르시되 큰 사자나 젊은 사자가 자기의 먹이를 움키고 으르렁거릴 때에 그것을 치려고 여러 목자를 불러 왔다 할지라도 그것이 그들의 소리로 말미암아 놀라지 아니할 것이요 그들의 떠듦으로 말미암아 굴복하지 아니할 것이라 이와 같이 나 만군의 여호와가 강림하여 시온 산과 그 언덕에서 싸울 것이라

[사 64:1] 원하건대 주는 하늘을 가르고 강림하시고 주 앞에서 산들이 진동하기를

[사 64:3] 주께서 강림하사 우리가 생각하지 못한 두려운 일을 행하시던 그 때에 산들이 주 앞에서 진동하였사오니

[사 66:15] 보라 여호와께서 불에 둘러싸여 강림하시리니 그의 수레들은 회오리바람 같으리로다 그가 혁혁한 위세로 노여움을 나타내시며 맹렬한 화염으로 책망하실 것이라

[미 1:3] 여호와께서 그의 처소에서 나오시고 강림하사 땅의 높은 곳을 밟으실 것이라

이사야 45장

여호와께서 고레스를 세우시다

1. 나 여호와는 나의 기름 받은 고레스의 오른손을 잡고 열국으로 그

앞에 항복하게 하며 열왕의 허리를 풀며 성 문을 그 앞에 열어서 닫지 못하게 하리라 내가 고레스에게 이르기를

2. 내가 네 앞서 가서 험한 곳을 평탄케 하며 놋문을 쳐서 부수며 쇠빗장을 꺾고

3. 네게 흑암 중의 보화와 은밀한 곳에 숨은 재물을 주어서 너로 너를 지명하여 부른 자가 나 여호와 이스라엘의 하나님인줄 알게 하리라

[살전 3:13] 너희 마음을 굳건하게 하시고 우리 주 예수께서 그의 모든 성도와 함께 강림하실 때에 하나님 우리 아버지 앞에서 거룩함에 흠이 없게 하시기를 원하노라

[살전 4:15] 우리가 주의 말씀으로 너희에게 이것을 말하노니 주께서 강림하실 때까지 우리 살아 남아 있는 자도 자는 자보다 결코 앞서지 못하리라

[살전 4:16] 주께서 호령과 천사장의 소리와 하나님의 나팔 소리로 친히 하늘로부터 강림하시리니 그리스도 안에서 죽은 자들이 먼저 일어나고

[살전 4:14] 우리가 예수께서 죽으셨다가 다시 살아나심을 믿을진대 이와 같이 예수 안에서 자는 자들도 하나님이 그와 함께 데리고 오시리라

[요한계시록 1:8]
주 하나님이 이르시되 나는 알파와 오메가라 이제도 있고 전에도 있

었고 장차 올 자요 전능한 자라 하시더라

우리 주님의 재림 때 하나님이 그와 함께 데리고 오실 우리 주
예수 안에서 자는 우리 그리스도인 형제들,

이 얼마나 황홀한 일입니까?

이정표 이야기

우리는 가끔 여행 중에 이정표를 제대로 읽지 못하여 잘못 길을 든 적이 있을 것입니다.

이 이정표는 '이쪽으로 가는 게 맞다.' '아니다. 저쪽으로 가는 게 맞다.' 하고 서로 다툴 때가 있습니다.

이때 대부분은 당국에서 제대로 표시를 하지 못한 경우입니다.

하지만 자신이 이정표를 제대로 읽지 않고 길을 잘못 간 경험도 있을 것입니다. 이 경우는 대부분 자신의 착각과 선입견 때문입니다.

그런데 이때 이 이정표 앞에서 '이쪽으로 가는 게 맞다.', '아니다. 저쪽으로 가는 게 맞다.' 하고 서로 다투다
'우린 이 이정표를 아무도 이해할 수가 없다.'

'이 이정표를 이해할 수 있는 사람은 이 이정표를 여기 세운 사람뿐이다.'라고 말하며 그 다툼에 종지부를 찍으려고 하는 사람이 있을지 모릅니다.

우리는 삼위일체 교리를 토론하다 말고
'삼위일체는 너무나 신비한 교리라 우리 인간으로서는 이해할 수가 없다.'고 말하는 교직자들을 많이 보았습니다.
이런 사람이 바로 위 이정표 앞에서 다투는 사람과 같은 경우가 아닌가 생각합니다.

성경의 필자이신 하나님이 이렇게 이정표를 혼란스럽게 잘못 표기하신 분이실까요?

성령, 전능하신 하나님이신가?

기원 4세기 초 니케아 종교회의에서 채택된 삼위일체 교리는, 성령은 하나님의 삼위 중 한 위격으로 성부성자와 같이 능력(성령도 전지전능함)과 지위(높고 낮지 않음)와 영원성에 있어서 동등하다고 정의하였습니다. 이제부터 그들이 하나님의 말씀으로 믿고 있는 성경을 통하여 자세히 사실관계를 확인해 보시겠습니다.

요한복음 16장 13절입니다.

[개역한글]

그러하나 진리의 성령이 오시면 그가 너희를 모든 진리 가운데로 인도하시리니 그가 **자의로** 말하지 않고 오직 듣는 것을 말하시며 장래 일을 너희에게 알리시리라

[개역개정]

그러나 진리의 성령이 오시면 그가 너희를 모든 진리 가운데로 인도하시리니 그가 스스로 말하지 않고 오직 들은 것을 말하며 장래 일을 너희에게 알리시리라

[새번역]
그러나 그분 곧 진리의 영이 오시면, 그가 너희를 모든 진리 가운데로 인도하실 것이다. **그는 자기 마음대로 말씀하지 않으시고, 듣는 것만 일러주실 것이요, 앞으로 올 일들을 너희에게 알려 주실 것이다.**

[공동번역]
그러나 진리의 성령이 오시면 너희를 이끌어 진리를 온전히 깨닫게 하여 주실 것이다. 그분은 자기 생각대로 말씀하시지 않고 들은 대로 일러 주실 것이며 앞으로 다가 올 일들도 알려 주실 것이다.

성령의 인격성

로마서 8장입니다.

26. 이와 같이 성령도 우리의 연약함을 도우시나니 우리는 마땅히 기도할 바를 알지 못하나 오직 성령이 말할 수 없는 탄식으로 우리를 위하여 친히 간구하시느니라.

27. 마음을 살피시는 이가 성령의 생각을 아시나니 이는 성령이 하나님의 뜻대로 성도를 위하여 간구하심이니라

28. 우리가 알거니와 하나님을 사랑하는 자 곧 그의 뜻대로 부르심을 입은 자들에게는 모든 것이 합력하여 선을 이루느니라

29. 하나님이 미리 아신 자들을 또한 그 아들의 형상을 본받게 하기 위하여 미리 정하셨으니 이는 그로 많은 형제 중에서 맏아들이 되게 하려 하심이니라

30. 또 미리 정하신 그들을 또한 부르시고 부르신 그들을 또한 의롭다 하시고 의롭다 하신 그들을 또한 영화롭게 하셨느니라.

그리스도의 사랑 하나님의 사랑

31. 그런즉 이 일에 대하여 우리가 무슨 말 하리요 만일 하나님이 우리를 위하시면 누가 우리를 대적하리요

32. 자기 아들을 아끼지 아니하시고 우리 모든 사람을 위하여 내주신 이가 어찌 그 아들과 함께 모든 것을 우리에게 주시지 아니하겠느냐

33. 누가 능히 하나님께서 택하신 자들을 고발하리요 의롭다 하신 이는 하나님이시니

34. 누가 정죄하리요 죽으실 뿐 아니라 다시 살아나신 **이는 그리스도 예수시니 그는 하나님 우편에 계신 자요 우리를 위하여 간구하시는 자시니라.** [개역한글]

로마서 8장

26. 성령님도 우리의 연약함을 도와주십니다. 우리가 어떻게 기도해야 될지 모를 때 **성령님이 말할 수 없는 탄식으로 우리를 위해 기도해 주십니다.**

27. 사람의 마음을 살피시는 하나님은 **성령님의 생각을 아십니다.** 이것은 성령께서 하나님의 뜻을 따라 성도들을 위해 기도하시기 때문입니다. [현대인의 성경]

로마서 8장

26. 이처럼 성령께서는 우리의 약함을 도와 주십니다. 우리는 무엇을 기도해야 하는지도 모르지만, 성령께서는 말로 다 표현할 수 없는 간절함으로 우리를 위해 중보 기도를 하십니다.

27. 사람의 마음을 꿰뚫어 보시는 하나님께서는 성령의 생각이 무엇인지를 아십니다. 그것은 성령께서 하나님의 뜻에 따라 성도들을 위해 중보 기도를 하시기 때문입니다.

28. 우리는 하나님께서 모든 일을 하나님을 사랑하는 사람, 즉 하나님의 목적을 위해 부름을 입은 사람들의 선을 위하여 하신다는 것을 알고 있습니다.

29. 하나님께서는 전부터 아셨던 사람들을 그분의 아들과 동일한 형상을 갖도록 미리 정하시고, 하나님의 아들을 많은 형제들 중에서 맏아들이 되게 하셨습니다.

30. 하나님께서는 미리 정하신 사람들을 부르셨고, 부르신 사람들을 의롭다고 하셨고, 의롭다고 하신 사람들을 영화롭게 하셨습니다.

31. 이 점에 대해 우리가 무엇이라고 말할 수 있겠습니까? 하나님께서 우리 편이시라면 누가 우리를 대적하겠습니까?

32. 자기 아들까지도 아끼지 않고 우리 모두를 위해 내어 주신 분께서 그 아들과 함께 우리에게 모든 것을 은혜로 주지 않으시겠습니까?

33. 하나님께서 택하신 사람들을 누가 고소할 수 있겠습니까? 의롭게 하시는 분은 하나님이신데,

34. 누가 감히 죄가 있다고 판단하겠습니까? 죽으신 분은 그리스도 예수이십니다. 그분은 죽으셨을 뿐만 아니라, 다시 살아나 하나님의 오른편에 앉아 계시면서 우리를 위해 중보 기도를 하고 계십니다.[쉬운성경]

[로마서 8장 26절]

이와 같이, 성령께서도 우리의 약함을 도와주십니다. 우리는 어떻게 기도해야 할지도 알지 못하지만, 성령께서 친히 이루 다 말할 수 없는 탄식으로, 우리를 대신하여 간구하여 주십니다. [새번역]

성령께서도 연약한 우리를 도와주십니다. 어떻게 기도해야 할지도 모르는 우리를 대신해서 말로 다 할 수 없을 만큼 깊이 **탄식하시며 하나님께 간구해 주십니다.** [공동번역]

성령의 비인격성

[살전 5:19] 성령을 소멸하지 말며

[마 3:11] 나는 너희로 회개하게 하기 위하여 물로 세례를 베풀거니와 내 뒤에 오시는 이는 나보다 능력이 많으시니 나는 그의 신을 들기도 감당하지 못하겠노라 그는 성령과 불로 너희에게 세례를 베푸실 것이요

[눅 1:15] 이는 그가 주 앞에 큰 자가 되며 포도주나 독한 술을 마시지 아니하며 모태로부터 성령의 충만함을 받아

[요 3:34] 하나님이 보내신 이는 하나님의 말씀을 하나니 이는 하나님이 성령을 한량없이 주심이니라

[딛 3:6] 우리 구주 예수 그리스도로 말미암아 우리에게 그 성령을 풍성히 부어 주사

[요일 5:8] 성령과 물과 피라 또한 이 셋은 합하여 하나이니라.

우리는 이상 인용 성구들을 통하여 그간 주류 기독교에서 알게 된 '성령'과 성경이 말하는 '성령'은 그 의미가 사뭇 다르다는 것을 알게 되었을 것입니다.

어쩌면 '성령은 전지전능하신 삼위일체 하나님의 한 위격으로' 하나님이시다는 종전의 믿음에서 조금은 자유롭게 되었을지 모르겠습니다.

그리고

'성령은 하나님의 활동력이다.'라고 하는 삼위일체를 믿지 않는 사람들의 주장에서도 조금은 자유롭게 되었을 것 같습니다.

이번을 계기로 성령과 관련하여 우리의 이해의 폭을 좀 더 넓혀야 하지 않을까 생각합니다.

아버지와 아들, 한 분이 아니라 두 분이라는 증거

(복습하는 셈치고 다시 살펴보시기 바랍니다.)

마태복음 20장

20. 그 때에 세베대의 아들의 어미가 그 아들들을 데리고 예수께 와서 절하며 무엇을 구하니

21. 예수께서 가라사대 무엇을 원하느뇨 가로되 이 나의 두 아들을 주의 나라에서 하나는 주의 우편에, 하나는 주의 좌편에 앉게 명하소서

22. 예수께서 대답하여 가라사대 너희 구하는 것을 너희가 알지 못하는도다 나의 마시려는 잔을 너희가 마실 수 있느냐 저희가 말하되 할 수 있나이다

23. 가라사대 너희가 과연 내 잔을 마시려니와 내 좌우편에 앉는 것은 나의 줄것이 아니라 내 아버지께서 누구를 위하여 예비하셨든지 그들이 얻을 것이니라

요한복음 8장

17. 너희 율법에도 두 사람의 증언이 참되다 기록되었으니

18. 내가 나를 위하여 증언하는 자가 되고 나를 보내신 아버지도 나를 위하여 증언하시느니라

[요 20:21] 예수께서 또 이르시되 너희에게 평강이 있을지어다 아버지께서 나를 보내신 것 같이 **나도 너희를 보내노라**

[요 12:49] 내가 **내 자의로 말한 것이 아니요** 나를 보내신 아버지께서 내가 말할 것과 이를 것을 친히 명령하여 주셨으니

[요 6:38] 내가 하늘에서 내려온 것은 **내 뜻을 행하려 함이 아니요** 나를 보내신 이의 뜻을 행하려 함이니라

[요 7:16] 예수께서 대답하여 이르시되 내 교훈은 **내 것이 아니요** 나를 보내신 이의 것이니라

[요 8:42] 예수께서 이르시되 하나님이 너희 아버지였으면 너희가 나를 사랑하였으리니 이는 내가 하나님께로부터 나와서 왔음이라 **나는 스스로** 온 것이 아니요 아버지께서 나를 보내신 것이니라

[요 5:30] 내가 아무 것도 스스로 할 수 없노라 듣는 대로 심판하노니 나는 나의 뜻대로 하려 하지 않고 나를 보내신 이의 뜻대로 하려 하므로 내 심판은 의로우니라.

[막 14:36] 이르시되 아빠 아버지여 아버지께는 모든 것이 가능하오니 이 잔을 내게서 옮기시옵소서.

그러나 **나의 원대로 마시옵고** 아버지의 원대로 하옵소서

삼위일체, 대속을 부인하는 교리

여기 삼위일체를 받아들일 수 없는 이유를 다시 정리해 보았습니다.

우선 직접 하나님이 예수님을 두고 '이는 내 사랑하는 아들'이라고 한 점입니다. [마태 3:17]

누가 자신을 두고 자신의 아들이라고 할 사람이 있으며 자신의 딸을 두고 자신의 아내라고 할 사람이 있겠습니까?

다음으로 아들 예수님이 직접
'아버지는 나보다 위대하신 분'이라 선언하셨기 때문입니다.

어찌 동격의 하나님인데, 한 위격을 두고 다른 위격 보다 위대하다는 말을 할 수 있으리오.

이 선언은 아들 예수님이 승천하신 후에도 진리입니다.

왜냐하면 아들 예수님은 하늘 성전에서도 대제사장의 직분으로 아버지를 섬기는 분이시기 때문입니다.

그런데 여기 삼위일체를 받아드릴 수 없는 한 가지 더 큰 이유가 있습니다.

'예수님은 세상 죄를 지고 가는 어린 양'으로 아버지 하나님에게 바쳐진 희생 제물, 곧 희생양이라는 사실 때문입니다.

만약 그들의 주장대로 하나님이 삼위일체로 된 한 분 하나님이시면 (두 분이 아니라 한 분이시면) 전능자 하나님이 자신에게 바치는 제물이 되었다는 말이 될 것입니다.

이건 자기 돈을 오른쪽 주머니에서 왼쪽 주머니로 옮기고 '내 돈, 다른 사람을 위해 기부했다(희생).'고 하는 말과 같은 의미가 되기 때문입니다.
이것은 아들 예수님이 아버지 하나님에게 십자가 위에서 바치신 대속물로서의 희생적 가치를 조롱하는 말로 결코 양립할 수 없는 말이 아닌가 생각합니다.

그러므로 이 교리는 기독교에서 가장 중심 교리인 대속교리를 부인하는 것으로 절대로 용납돼서는 안 될 것입니다.

사탄은 하나님에게 반역한 자, 아들 예수님은 순종하신 분

이것은 성경의 기본 가르침입니다.

히브리서 5장

1. 대제사장마다 사람 가운데서 취한 자이므로 하나님께 속한 일에 사람을 위하여 예물과 속죄하는 제사를 드리게 하나니

2. 저가 무식하고 미혹한 자를 능히 용납할 수 있는 것은 자기도 연약에 싸여 있음이니라

3. 이러므로 백성을 위하여 속죄제를 드림과 같이 또한 자기를 위하여 드리는 것이 마땅하니라

4. 이 존귀는 아무나 스스로 취하지 못하고 오직 아론과 같이 하나님의 부르심을 입은 자라야 할 것이니라

5. 또한 이와 같이 그리스도께서 **대제사장 되심도 스스로 영광을 취하심이 아니요** 오직 말씀하신 이가 저더러 이르시되 너는 내 아들이니 내가 오늘날 너를 낳았다 하셨고

6. 또한 이와 같이 다른데 말씀하시되 네가 영원히 멜기세덱의 반차

를 좇는 제사장이라 하셨으니

7. 그는 육체에 계실 때에 자기를 죽음에서 능히 구원하실 이에게 심한 통곡과 눈물로 간구와 소원을 올렸고 그의 경외하심을 인하여 들으심을 얻었느니라

8. 그가 아들이시면서도 받으신 고난으로 **순종함을 배워서**

9. 온전하게 되셨은즉 자기에게 순종하는 모든 자에게 영원한 구원의 근원이 되시고

10. 하나님께 멜기세덱의 반차를 따른 대제사장이라 칭하심을 받으셨느니라

아버지가 곧 아들이라면 '순종'이란 이 말이 왜 성경에 나오겠습니까?

만약 그들 삼위일체론자들의 주장대로, 순종하신 예수님이 아버지 하나님 자신이라면 반역한 사탄도 전능하신 하나님 자신이라는 논리가 성립될 것입니다.

그리고 대제사장의 직책도 스스로 취하신 것이 아닌데 어찌 그를 동격의 전능하신 하나님이라 할 수 있으리오?

[창 3:5] 너희가 그것을 먹는 날에는 너희 눈이 밝아져 하나님과 같이 되어 선악을 알 줄 하나님이 아심이니라

이처럼 처음 사람 아담에게 '하나님과 같이' 된다는 말로 혼란

을 준 사탄은 이제 마지막 아담의 추종자들에게 삼위일체 (하나님과 같은 분이 되신다는 말) 교리로 또 한 번 혼란을 시도한 게 아닌가 생각합니다.[고전 15:45 참조]

나는 여호와가 모든 신보다 위대하신 분임을 알았다

13. 하나님이여 주의 도는 극히 거룩하시오니 하나님과 같이 위대하신 신이 누구오니이까 [시 77편 개혁개정]

[출애굽기 18:11]
여호와께서 자기 백성을 교만하고 잔인한 이집트 백성에게서 구원하셨으니 이제 나는 여호와가 모든 신보다 위대하신 분임을 알았다." (현대인의 성경)

[시편 97:9]
여호와여, 주는 온 땅에서 가장 높으신 분이시며 그 어떤 신보다도 위대하신 분이십니다. [현대인의 성경]

[시 135편]
1. 할렐루야. 주님의 이름을 찬송하여라. 주님의 종들아, 찬송하여라.
또는 "주님을 찬송하여라"

2. 주님의 집 안에, 우리 하나님의 집 뜰 안에 서 있는 사람들아,

3. 주님은 선하시니, 주님을 찬송하여라. 그가 은혜를 베푸시니, 그의 이름 찬송하여라.

4. 주님께서는 야곱을 당신의 것으로 택하시며, 이스라엘을 가장 소중한 보물로 택하셨다.

5. 나는 알고 있다. 주님은 위대하신 분이며, **어느 신보다 더 위대하신 분이시다.** [새번역]

[요한복음 10:29]

그들을 나에게 주신 아버지는 **그 무엇보다도 위대하신 분이시므로** 아버지의 손에서 그들을 빼앗아 갈 자가 없다. [현대인의 성경]

[시136편 3절]

모든 주 가운데 가장 크신 주님께 감사하여라!

[요한복음 14:28]

너희는 내가 갔다가 너희에게 다시 돌아오겠다고 말하는 것을 들었다. 만일 너희가 나를 사랑한다면 내가 아버지께로 가는 것을 기뻐할 것이다. 이것은 아버지께서 나보다 위대하신 분이기 때문이다 [현대인의 성경]

출애굽기의 모세는 장차 오실 예수님을 예표한 인물입니다.

"나는 여호와가 모든 신보다 위대하신 분임을 알았다." 는 모세가 한 이 말씀과

예수님이 하신 말씀

"아버지께서 나보다 위대하신 분이시다"는 성구를 비교하시면서 위 성구들을 다시 한 번 묵상해 보십시오.

3부. 운명의 신을 섬기는 사람들

옛날 배교한 이스라엘 백성들도 운명의 신을 믿었습니다

이사야 65장

1. 여호와께서 말씀하셨다. 나에게 묻지 않은 사람들에게 내가 나를 나타내고 나를 찾지 않던 사람들에게 내가 발견되었으며 내 이름을 부르지 않은 나라에 내가 여기 있다. 내가 여기 있다" 하였다.

2. 내가 하루 종일 팔을 벌리고 내 백성을 맞을 준비를 하였으나 그들은 거역하며 자기들 멋대로 악한 짓을 하고 있다.

3. 그들은 정원에서 제사를 지내고 벽돌 제단에서 분향하여 항상 내 분노를 일으키는 백성이다.

4. 밤이 되면 그들은 죽은 자들의 영들을 만나려고 무덤이나 동굴을 찾아가며 먹지 못하도록 되어 있는 돼지고기를 먹고 우상에게 제사한 고기를 삶아 그 국물을 마시면서도

5. 다른 사람에게는 "너무 가까이 오지 말아라. 나는 네가 만져서는 안 될 거룩한 몸이다" 하고 말하니 이런 자들이 밤낮 내 분노를 일으키고 있다.

6. 내가 이미 그들을 벌하기로 작정하였고 그들의 심판이 내 앞에 기

록되었으니 그들이 행한 일을 내가 모르는 척하지 않고 반드시 그 대가를 받도록 할 것이다.

7. 그들의 죄는 물론 그 조상들의 죄에 대해서도 내가 그들에게 벌을 내리겠다. 그들이 산 위의 이방 신전에서 분향하며 나를 모욕하였으므로 내가 그들의 지난 일을 철저하게 계산하여 그들이 행한 그대로 갚아 줄 것이다.

8. 나쁜 포도송이에도 즙을 짤 만한 좋은 포도가 있으므로 사람들이 그것을 송이째 던져 버리지 않는 것처럼 나도 내 백성을 송두리째 멸망시키지 않고

9. 이스라엘 땅을 소유할 내 백성을 살아남게 하겠다. 나를 섬기는 택한 내 백성들이 거기서 살 것이다.

10. 그들이 나를 섬기며 사론 평야와 아골 골짜기에서 그들의 소떼와 양떼를 먹일 것이다.

11. 그러나 나 여호와를 버리고 나의 거룩한 산을 잊고 **행운과 운명의 신인 갓과 므니 신을 섬기는 자들은**

12. **칼날에 죽음을 당하도록 하겠다.**

이것은 내가 불러도 그들이 대답하지 않았으며 내가 말을 해도 그들이 듣지 않고 내 앞에서 악을 행하며 내가 기뻐하지 않는 일을 택하였기 때문이다.

13. 그래서 내가 말하지만 나를 섬기는 종들은 먹고 마실 것이 풍성할 것이나 그들은 굶주리고 목마를 것이다. 내 종들은 즐거워할 것이지만 그들은 수치를 당할 것이며

14. 내 종들은 기뻐서 노래할 것이나 그들은 슬픔과 절망 가운데서 통곡할 것이다.

15. 내가 택한 백성들이 그들의 이름을 저줏거리로 사용할 것이니 나 여호와가 그들은 죽이고 내 종들에게는 새로운 이름을 줄 것이다. [현대인의 성경]

그들에게 재앙을 내리려 하던 뜻을 돌이키리라

예레미야 26장

1. 유다의 왕 요시야의 아들 여호야김이 다스리기 시작한 때에 여호와께로부터 이 말씀이 임하여 이르시되

2. 여호와께서 이와 같이 말씀하시니라 너는 여호와의 성전 뜰에 서서 유다 모든 성읍에서 여호와의 성전에 와서 예배하는 자에게 내가 네게 명령하여 이르게 한 모든 말을 전하되 한 마디도 감하지 말라

3. 그들이 듣고 혹시 각각 그 악한 길에서 돌아오리라 그리하면 내가 그들의 악행으로 말미암아 그들에게 재앙을 내리려 하던 뜻을 돌이키리라

4. 너는 그들에게 이와 같이 이르라 여호와의 말씀에 너희가 나를 순종하지 아니하며 내가 너희 앞에 둔 내 율법을 행하지 아니하며

5. 내가 너희에게 나의 종 선지자들을 꾸준히 보내 그들의 말을 순종하라고 하였으나 너희는 순종하지 아니하였느니라

6. 내가 이 성전을 실로 같이 되게 하고 이 성을 세계 모든 민족의 저줏거리가 되게 하리라 하셨느니라

7. 예레미야가 여호와의 성전에서 이 말을 하매 제사장들과 선지자들과 모든 백성이 듣더라 8 예레미야가 여호와께서 명령하신 말씀을 모든 백성에게 전하기를 마치매 제사장들과 선지자들과 모든 백성이 그를 붙잡고 이르되 네가 반드시 죽어야 하리라

9. 어찌하여 네가 여호와의 이름을 의지하고 예언하여 이르기를 이 성전이 실로 같이 되겠고 이 성이 황폐하여 주민이 없으리라 하느냐 하며 그 모든 백성이 여호와의 성전에서 예레미야를 향하여 모여드니라

10. 유다의 고관들이 이 말을 듣고 왕궁에서 여호와의 성전으로 올라가 여호와의 성전 새 대문의 입구에 앉으매

11. 제사장들과 선지자들이 고관들과 모든 백성에게 말하여 이르되 이 사람은 죽는 것이 합당하니 너희 귀로 들음 같이 이 성에 관하여 예언하였음이라

12. 예레미야가 모든 고관과 백성에게 말하여 이르되 여호와께서 나를 보내사 너희가 들은 바 모든 말로 이 성전과 이 성을 향하여 예언하게 하셨느니라

13. 그런즉 너희는 너희 길과 행위를 고치고 너희 하나님 여호와의 목소리를 청종하라 그리하면 여호와께서 **너희에게 선언하신 재앙에 대하여 뜻을 돌이키시리라**

14. 보라 나는 너희 손에 있으니 너희 의견에 좋은 대로, 옳은 대로 하려니와

15. 너희는 분명히 알아라 너희가 나를 죽이면 반드시 무죄한 피를 너희 몸과 이 성과 이 성 주민에게 돌리는 것이니라 이는 여호와께서 진실

로 나를 보내사 이 모든 말을 너희 귀에 말하게 하셨음이라

16. 고관들과 모든 백성이 제사장들과 선지자들에게 이르되 이 사람이 우리 하나님 여호와의 이름으로 우리에게 말하였으니 죽일 만한 이유가 없느니라

17. 그러자 그 지방의 장로 중 몇 사람이 일어나 백성의 온 회중에게 말하여 이르기를

18. 유다의 왕 히스기야 시대에 모레셋 사람 미가가 유다의 모든 백성에게 예언하여 이르되 만군의 여호와께서 이와 같이 말씀하셨느니라 시온은 밭 같이 경작지가 될 것이며 예루살렘은 돌 무더기가 되며 이 성전의 산은 산당의 숲과 같이 되리라 하였으나

19. 유다의 왕 히스기야와 모든 유다가 그를 죽였느냐 히스기야가 여호와를 두려워하여 여호와께 간구하매 여호와께서 **그들에게 선언한 재앙에 대하여 뜻을 돌이키지 아니하셨느냐?**

에스겔, 이 말씀은 어떻게 이해를 해야 하지요?

33장입니다.

1. 여호와의 말씀이 내게 임하여 이르시되

2. 인자야 너는 네 민족에게 말하여 이르라 가령 내가 칼을 한 땅에 임하게 한다 하자 그 땅 백성이 자기들 가운데의 하나를 택하여 파수꾼을 삼은

3. 그 사람이 그 땅에 칼이 임함을 보고 나팔을 불어 백성에게 경고하되

4. 그들이 나팔 소리를 듣고도 정신차리지 아니하므로 그 임하는 칼에 제거함을 당하면 그 피가 자기의 머리로 돌아갈 것이라

5. 그가 경고를 받았던들 자기 생명을 보전하였을 것이나 나팔 소리를 듣고도 경고를 받지 아니하였으니 그 피가 자기에게로 돌아가리라

6. 그러나 칼이 임함을 파수꾼이 보고도 나팔을 불지 아니하여 백성에게 경고하지 아니하므로 그중의 한 사람이 그 임하는 칼에 제거 당하면 그는 자기 죄악으로 말미암아 제거되려니와 그 죄는 내가 파수꾼의 손에서 찾으리라

7. 인자야 내가 너를 이스라엘 족속의 파수꾼으로 삼음이 이와 같으니라 그런즉 너는 내 입의 말을 듣고 나를 대신하여 그들에게 경고할지어다

8. 가령 내가 악인에게 이르기를 악인아 너는 반드시 죽으리라 하였다 하자 네가 그 악인에게 말로 경고하여 그의 길에서 떠나게 하지 아니하면 그 악인은 자기 죄악으로 말미암아 죽으려니와 내가 그의 피를 네 손에서 찾으리라

9. 그러나 너는 악인에게 경고하여 돌이켜 그의 길에서 떠나라고 하되 그가 돌이켜 그의 길에서 떠나지 아니하면 그는 자기 죄악으로 말미암아 죽으려니와 너는 네 생명을 보전하리라

10. 그런즉 인자야 너는 이스라엘 족속에게 이르기를 너희가 말하여 이르되 우리의 허물과 죄가 이미 우리에게 있어 우리로 그 가운데에서 쇠퇴하게 하니 어찌 능히 살리요 하거니와

11. 너는 그들에게 말하라 주 여호와의 말씀이니라 나의 삶을 두고 맹세하노니 나는 악인이 죽는 것을 기뻐하지 아니하고 악인이 그의 길에서 돌이켜 떠나 사는 것을 기뻐하노라 이스라엘 족속아 돌이키고 돌이키라 **너희 악한 길에서 떠나라 어찌 죽고자 하느냐 하셨다 하라**

하나님이 자신이 미리 인간들의 의지와 관계없이 그들의 미래 생명을 모두 다 예정해 두시고 이런 말씀을 하실 수 있다고 보십니까?

내가 택한 사람보다 더 눈먼 사람이 없고, 나의 종보다 더 눈먼 사람이 없다

이사야 42장

[사 42:18] "듣지 못하는 사람들아, 들어라. 보지 못하는 사람들아, 잘 보아라.

[사 42:19] 내 종 이스라엘보다 더 보지 못하는 사람은 없다. 내가 보낸 심부름꾼보다 더 듣지 못하는 사람도 없다. **내가 택한 사람보다 더 눈먼 사람이 없고, 나의 종보다 더 눈먼 사람이 없다.**

[사 42:20] 이스라엘아, 너희가 많은 것을 보았으나 복종하지 않았다. 너희가 귀는 열어 두었으나 듣지 않았다."

[사 42:21] 여호와께서는 정의를 기뻐하시는 분이며, 훌륭하고 놀라운 가르침을 베푸시는 분이다.

[사 42:22] 그러나 이 백성이 빼앗기고 약탈당했다. 그들이 모두 덫에 걸렸고 감옥에 갇혔다. 적군이 도둑처럼 그들을 사로잡아 갔으나, 그들을 구해 줄 사람이 없다. 적군이 그들을 끌고 갔으나, "그들을 돌려주어라"고 말하는 사람이 없다.

[사 42:23] 너희 가운데 누가 이 일에 귀를 기울이겠느냐? 누가 앞으

로 일어날 일을 귀담아듣겠느냐?

[사 42:24] 야곱 백성이 끌려가게 내버려 둔 분이 누구냐? 도둑들이 이스라엘을 약탈하게 내버려 둔 분이 누구냐? 우리가 여호와께 죄를 지었기 때문에 주께서 그런 일이 일어나게 하셨다. 우리가 주께서 가라 하신 길로 가지 않고 주의 가르침을 따르지 않았다. [쉬운성경]

이런 백성들, 하나님이 택했다는 이유만으로 구원하실까요?

하나님이 선택하신 솔로몬, 구원을 예정하셨는가?

역대상 28장

1. 다윗이 이스라엘 모든 고관들 곧 각 지파의 어른과 왕을 섬기는 반장들과 천부장들과 백부장들과 및 왕과 왕자의 모든 소유와 가축의 감독과 내시와 장사와 모든 용사를 예루살렘으로 소집하고

2. 이에 다윗 왕이 일어서서 이르되 나의 형제들, 나의 백성들아 내 말을 들으라 나는 여호와의 언약궤 곧 우리 하나님의 발판을 봉안할 성전을 건축할 마음이 있어서 건축할 재료를 준비하였으나

3. 하나님이 내게 이르시되 너는 전쟁을 많이 한 사람이라 피를 많이 흘렸으니 내 이름을 위하여 성전을 건축하지 못하리라 하셨느니라

4. 그러나 이스라엘 하나님 여호와께서 전에 나를 내 부친의 온 집에서 택하여 영원히 이스라엘 왕이 되게 하셨나니 곧 하나님이 유다 지파를 택하사 머리를 삼으시고 유다의 가문에서 내 부친의 집을 택하시고 내 부친의 아들들 중에서 나를 기뻐하사 온 이스라엘의 왕을 삼으셨느니라

5. 여호와께서 내게 여러 아들을 주시고 그 모든 아들 중에서 내 아들 솔로몬을 **택하사** 여호와의 나라 왕위에 앉혀 이스라엘을 다스리게 하려 하실새

6. 내게 이르시기를 네 아들 솔로몬 그가 내 성전을 건축하고 내 여러 뜰을 만들리니 이는 내가 **그를 택하여** 내 아들로 삼고 나는 그의 아버지가 될 것임이라

7. 그가 만일 나의 계명과 법도를 힘써 준행하기를 오늘과 같이 하면 내가 그의 나라를 영원히 견고하게 하리라 하셨느니라

8. 이제 너희는 온 이스라엘 곧 여호와의 회중이 보는 데에서와 우리 하나님이 들으시는 데에서 너희 하나님 여호와의 모든 계명을 구하여 지키기로 하라 그리하면 너희가 이 아름다운 땅을 누리고 너희 후손에게 끼쳐 영원한 기업이 되게 하리라

9. 내 아들 솔로몬아 너는 네 아버지의 하나님을 알고 온전한 마음과 기쁜 뜻으로 섬길지어다 여호와께서는 모든 마음을 감찰하사 모든 의도를 아시나니 네가 만일 그를 찾으면 만날 것이요 만일 **네가 그를 버리면 그가 너를 영원히 버리시리라**

[왕상 11:37] 여로보암아, 나는 **너를 선택하여** 네가 원하는 모든 것을 다스릴 수 있도록 할 것이다. 너는 온 이스라엘을 다스리는 왕이 될 것이다.

[왕상 11:38] **내가 보기에 옳은 일을 하기만 하면, 나는 너와 함께하겠다.** 너는 내 명령을 지켜라. 다윗처럼 내 율법과 계명을 지키면 너와 함께해 주겠다. 다윗에게 해 준 것처럼 네 집안을 왕의 집안에서 끊이지 않게 하겠다. 이스라엘을 너에게 주겠다. [쉬운성경]

칼빈주의 5대 강령(예정론)의 모판이 되는 도르트신조?

열왕기 14장

유다 왕 아마샤(대하 25:1-24)

1. 이스라엘의 왕 여호아하스의 아들 요아스 제이년에 유다의 왕 요아스의 아들 아마샤가 왕이 되니

2. 그가 왕이 된 때에 나이 이십오 세라 예루살렘에서 이십구 년간 다스리니라 그의 어머니의 이름은 여호앗단이요 예루살렘 사람이더라

3. 아마샤가 여호와 보시기에 정직히 행하였으나 그의 조상 다윗과는 같지 아니하였으며 그의 아버지 요아스가 행한 대로 다 행하였어도

4. 오직 산당들을 제거하지 아니하였으므로 백성이 여전히 산당에서 제사를 드리며 분향하였더라

5. 나라가 그의 손에 굳게 서매 그의 부왕을 죽인 신복들을 죽였으나

6. 왕을 죽인 자의 자녀들은 죽이지 아니하였으니 이는 모세의 율법책에 기록된 대로 함이라 곧 여호와께서 명령하여 이르시기를 자녀로 말미암아 아버지를 죽이지 말 것이요 **아버지로 말미암아 자녀를 죽이지 말 것이라** 오직 사람마다 자기의 죄로 말미암아 죽을 것이니라 하셨더라.

이상 성경 열왕기하 말씀과 기성 기독교에서 말하는 도로트 신조를 같이 생각해보겠습니다.

도르트신조

제17장 우리는 하나님의 뜻을 따라 그 말씀으로 심판을 받게 된다. 그러므로 믿는 자의 자녀는 그 본성에 의해서가 아니라 은혜로운 계약으로 인하여 그 부모의 믿음을 따라 거룩한 것이기 때문에, 경건한 부모들은 그들의 자녀들에게 이 거룩한 믿음을 따라 하나님을 기쁘게 하도록 하기 위하여 자녀들이 택함을 받아 구원되었다는 사실을 의심해서는 안된다 [창 17:7; 행 2:39; 고전 7:14].

그를 믿는 자마다 멸망하지 않고
영생을 얻게 하려 하심이라

요한복음 3장입니다.

1. 그런데 바리새인 중에 니고데모라 하는 사람이 있으니 유대인의 지도자라

2 그가 밤에 예수께 와서 이르되 **랍비여** 우리가 당신은 하나님께로부터 오신 선생인 줄 아나이다. 하나님이 함께 하시지 아니하시면 당신이 행하시는 이 표적을 아무도 할 수 없음이니이다

3. 예수께서 대답하여 이르시되 진실로 진실로 네게 이르노니 사람이 거듭나지 아니하면 하나님의 나라를 볼 수 없느니라

4. 니고데모가 이르되 사람이 늙으면 어떻게 날 수 있사옵나이까 두 번째 모태에 들어갔다가 날 수 있사옵나이까?

5. 예수께서 대답하시되 진실로 진실로 네게 이르노니 사람이 물과 성령으로 나지 아니하면 하나님의 나라에 들어갈 수 없느니라

6. 육으로 난 것은 육이요 영으로 난 것은 영이니

7. 내가 네게 거듭나야 하겠다 하는 말을 놀랍게 여기지 말라

8. 바람이 임의로 불매 네가 그 소리는 들어도 어디서 와서 어디로 가

는지 알지 못하나니 성령으로 난 사람도 다 그러하니라

9. 니고데모가 대답하여 이르되 어찌 그러한 일이 있을 수 있나이까

10. 예수께서 그에게 대답하여 이르시되 너는 이스라엘의 선생으로서 이러한 것들을 알지 못하느냐

11. 진실로 진실로 네게 이르노니 우리는 아는 것을 말하고 본 것을 증언하노라 그러나 너희가 우리의 증언을 받지 아니하는도다

12. 내가 땅의 일을 말하여도 너희가 믿지 아니하거든 하물며 하늘의 일을 말하면 어떻게 믿겠느냐

13. 하늘에서 내려온 자 곧 인자 외에는 하늘에 올라간 자가 없느니라.

14. 모세가 광야에서 뱀을 든 것 같이 인자도 들려야 하리니

15. 이는 그를 믿는 자마다 영생을 얻게 하려 하심이니라

16. 하나님이 세상을 이처럼 사랑하사 독생자를 주셨으니 이는 **그를 믿는 자마다 멸망하지 않고 영생을 얻게 하려 하심이라**

17. 하나님이 그 아들을 세상에 보내신 것은 세상을 심판하려 하심이 아니요 그로 말미암아 세상이 구원을 받게 하려 하심이라

예레미야의 토기장이 비유와 로마서의 토기장이 비유

예레미야 18장

1. 이것은 여호와께서 예레미야에게 하신 말씀이다.

2. "너는 일어나 토기장이의 집으로 내려가라. 내가 거기에서 내 말을 네게 주겠다."

3. 그래서 내가 토기장이의 집으로 내려갔더니, 토기장이가 질그릇을 만드는 데 쓰는 물레를 돌리며 일을 하고 있었다.

4. 토기장이는 진흙으로 그릇을 빚고 있었는데 그릇이 잘 만들어지지 않으면 그 진흙으로 다른 그릇을 빚었다. 그렇게 그 토기장이는 자기 마음에 드는 그릇을 빚었다.

5. 그 때에 여호와께서 내게 말씀하셨다.

6. "이스라엘 집아, 내가 이 토기장이가 하는 것처럼 너희에게 하지 못하겠느냐? 보아라. 진흙이 토기장이의 손에 달린 것처럼 너희 이스라엘 집은 내 손에 달려 있다.

7. 때가 되면, 내가 어떤 나라나 민족을 뿌리째 뽑아 버리거나 완전히 멸망시키겠다고 말할 것이다.

8. 그러나 만약 그 나라 백성이 내가 하는 말을 듣고 자기들이 저지른 죄를 뉘우치면 내 마음을 바꾸어 그 나라를 멸망시키지 않을 것이다

로마서 9장
하나님께서 이스라엘을 선택하시다

1. 나는 그리스도 안에서 참말을 하고, 거짓말을 하지 않습니다. 내 양심이 성령을 힘입어서 이것을 증언하여 줍니다.

2. 나에게는 큰 슬픔이 있고, 내 마음에는 끊임없는 고통이 있습니다.

3. 나는, 육신으로 내 동족인 내 겨레를 위하는 일이면, 내가 저주를 받아서 그리스도에게서 끊어질지라도 달게 받겠습니다.

4. 내 동족은 이스라엘 백성입니다. 그들에게는 하나님의 자녀로서의 신분이 있고, 하나님을 모시는 영광이 있고, 하나님과 맺은 언약들이 있고, 율법이 있고, 예배가 있고, 하나님의 약속들이 있습니다.

5. 족장들은 그들의 조상이요, 그리스도도 육신으로는 그들에게서 태어나셨습니다. 그는 만물 위에 계시며 영원토록 찬송을 받으실 하나님이십니다. 아멘.

(5. 그들은 저 훌륭한 선조들의 후손들이며 그리스도도 인성으로 말하면 그들에게서 나셨습니다. 만물을 다스리시는 하나님을 영원토록 찬양합시다. 아멘. [공동번역])

6. 그러나 하나님의 약속의 말씀이 폐했다고는 할 수 없습니다. 이스라엘에게서 태어난 사람이라고 해서 다 이스라엘 사람이 아니고,

7. 아브라함의 자손이라고 해서 다 그의 자녀가 아닙니다. 다만 "이삭

에게서 태어난 사람만을 너의 자손이라고 부르겠다" 하셨습니다.

8. 이것은 곧 육신의 자녀가 하나님의 자녀가 되는 것이 아니라, 약속의 자녀가 참 자손으로 여겨지리라는 것을 뜻합니다.

9. 그 약속의 말씀은 "내년에 내가 다시 올 때쯤에는, 사라에게 아들이 있을 것이다" 한 것입니다.

10. 그뿐만 아니라, 리브가도 우리 조상 이삭 한 사람에게서 쌍둥이 아들을 수태하였는데,

11. 그들이 태어나기도 전에, 무슨 선이나 악을 행하기도 전에, 택하심이라는 원리를 따라 세우신 하나님의 계획이 살아 있게 하시려고,

12. 또 이러한 일이 사람의 행위에 근거하는 것이 아니라 부르시는 분께 달려 있음을 나타내시려고, 하나님께서 리브가에게 말씀하시기를 "형이 동생을 섬길 것이다" 하셨습니다.

13. 이것은 성경에 기록한 바 "내가 야곱을 사랑하고, 에서를 미워하였다" 한 것과 같습니다.

14. 그러면 우리가 무엇이라고 말을 해야 하겠습니까? 하나님이 불공평하신 분이라는 말입니까? 그럴 수 없습니다.

15. 하나님께서 모세에게 말씀하시기를 "내가 긍휼히 여길 사람을 긍휼히 여기고, 불쌍히 여길 사람을 불쌍히 여기겠다" 하셨습니다.

16. 그러므로 그것은 사람의 의지나 노력에 달려 있는 것이 아니라, 하나님의 자비에 달려 있습니다.

17. 그래서 성경에 바로를 두고 말씀하시기를 "내가 이 일을 하려고 너를 세웠다. 곧 너로 말미암아 내 능력을 나타내고, 내 이름을 온 땅에

전파하게 하려는 것이다" 하셨습니다.

18. 그러므로 하나님께서는 긍휼히 여기시고자 하는 사람을 긍휼히 여기시고, 완악하게 하시고자 하는 사람을 완악하게 하십니다.

하나님의 진노와 자비

19. 그러면 그대는 내게 이렇게 말할 것입니다. "그렇다면 어찌하여 하나님께서는 사람을 책망하시는가? 누가 하나님의 뜻을 거역할 수 있다는 말인가?"

20. 오, 사람아, 그대가 무엇이기에 하나님께 감히 말대답을 합니까? 만들어진 것이 만드신 분에게 "어찌하여 나를 이렇게 만들었습니까?" 하고 말할 수 있습니까?

21. 토기장이에게, 흙 한 덩이를 둘로 나누어서, 하나는 귀한 데 쓸 그릇을 만들고, 하나는 천한 데 쓸 그릇을 만들 권리가 없겠습니까?

22. 하나님께서 하신 일도 마찬가지입니다. 하나님께서 진노하심을 보이시고 권능을 알리시기를 원하시면서도, 멸망받게 되어 있는 진노의 대상들에 대하여 꾸준히 참으시면서 너그럽게 대해 주시고,

23. 영광을 받도록 예비하신 자비의 대상들에 대하여 자기의 풍성하신 영광을 알리시고자 하셨더라도, 어떻다는 말입니까?

24. 하나님께서는 우리를 부르시되, 유대 사람 가운데서만이 아니라, 이방 사람 가운데서도 부르셨습니다.

25. 그것은 하나님이 호세아의 글 속에서 하신 말씀과 같습니다. "나는, 내 백성이 아닌 사람을 '내 백성'이라고 하겠다. 내가 사랑하지 않던 백성을 '사랑하는 백성'이라고 하겠다."

26. "'너희는 내 백성이 아니다' 하고 말씀하신 그 곳에서, 그들은, 살아 계신 하나님의 자녀라고 일컬음을 받을 것이다."

27. 그리고 또 이사야는 이스라엘을 두고 이렇게 외쳤습니다. "이스라엘 자손의 수가 바다의 모래와 같이 많을지라도, 남은 사람만이 구원을 얻을 것이다.

28. 주님께서는 그 말씀하신 것을 온전히, 그리고 조속히 온 땅에서 이루실 것이다."

29. 그것은 또한, 이사야가 미리 말한 바 "만군의 주님께서 우리에게 씨를 남겨 주지 않으셨더라면, 우리는 소돔과 같이 되고, 고모라와 같이 되었을 것이다" 한 것과 같습니다.

30. 그러면 우리가 무엇이라고 말해야 하겠습니까? 의를 추구하지 않은 이방 사람들이 의를 얻었습니다. 그것은 믿음에서 난 의입니다.

31. 그런데 이스라엘은 의의 율법을 추구하였지만, 그 율법에 이르지 못하였습니다.

32. 어찌하여 그렇게 되었습니까? 그들은 믿음에 근거하여 의에 이르려고 한 것이 아니라, 행위에 근거하여 의에 이르려고 했기 때문입니다. 그들은 걸림돌에 걸려 넘어진 것입니다.

33. 그것은 성경에 기록한 바와 같습니다. "보아라, 내가 시온에, 부딪치는 돌과 걸려 넘어지게 하는 바위를 둔다. 그러나 그를 믿는 사람은 부끄러움을 당하지 않을 것이다." [현대인의 성경]

'사도 바울은, 구원은 율법의 행위가 아니라 각 개인의 믿음에 달려있다'는('믿음에서 난 의'라는 말로 보아) 하나님의 오래 전 약속(예정)을 설명하기 위하여 위 토기장이의 비유를 사용하셨습니다.

하지만 예정론자들은 인간이 이 땅에 태어나기 전 이미 하나님이 그의 운명을 모두 예정해 놓았다고 하는 터무니없는 운명론에 이 성구를 갖다 붙이시니, 이건 하나님의 은혜의 말씀을 너무나 왜곡하는 게 아닌가 생각합니다.

이게 님들이 최종적으로 내린 결론입니까?

'삼위일체, 그건 오묘며 신비이다.

그러므로 인간의 언어로는 도저히 설명이 불가능하다 .

우리 인간은 무조건 믿는 수밖에 없다.

예정론, 역시 조화는 어렵다.

그러므로 이 역시 무조건 믿을 수밖에 없다.'

성경이 모두 이렇게 가르치고 있다면 성경은 바르게 이해할 수
도, 옳게 가르칠 수도 없는 책이란 의미일 것입니다.

그렇다면 무조건 믿는 수밖에…….

그렇습니다.

이들, 삼위일체론자들의 주장에 의하면

성경은 무조건 믿을 수밖에 없는 책,

맹목적으로 그냥 믿을 수밖에 없는 책이 될 것입니다.

이것은 바로 그들이 스스로 영적 맹인임을 고백한 것이 아닐까요?

맹목 (盲目)

① 먼눈

② 사리에 어두운 눈

그들 교단의 중심교리인 삼위일체도 이렇게 맹신밖에 할 수 없는 교리이고

'예정론'도 조화롭게 이해할 수 있는 교리가 아니라면 도대체 그들이 자신 있게 가르칠 수 있는 교리는 뭐가 있지요?

지옥불 교리입니까?

이것 역시 '무덤'으로 번역하다 지옥으로 번역하다 원어인 '스올'로 그냥 가져다 옮기는 식으로 오락가락하지 않습니까?

그런데 공동 번역에서는 왜 또 원어 스올을 지옥이라 번역했지요?

시편 86:13

[개역개정]

이는 내게 향하신 주의 인자하심이 크사 내 영혼을 깊은 **스올**에서 건지셨음이니이다

[개역한글]

이는 내게 향하신 주의 인자가 크사 내 영혼을 깊은 **음부**에서 건지셨음이니이다

[공동번역]

지옥 깊은 곳에서 이 목숨을 건지셨으니 크고 크신 주의 사랑 감당할 길 없사옵니다.

[새번역]

나에게 베푸시는 주님의 사랑이 크시니, **스올**의 깊은 곳에서, 주님께서 내 목숨을 건져내셨습니다.

[현대인의 성경]

주는 나에게 크신 사랑을 베푸셔서 네 영혼을 **무덤**에서 건져 주셨습니다.

여기 공동번역은 그들 신구 교단들이 합의해 번역한 것 아닙니까?

그들의 중심교리와 가르침이란 게 모두 이러할 진 데 어찌 그들을 두고 '소경이 소경을 인도하는 자'들이라 말하지 않을 수 있으리오?

"무조건 믿어라! 묻지도 따지지도 말고 믿어라! 盲信(소경 맹.믿을 신)을 해라! 우리도 소경이니 소경이 되라!"

결국 이게 그들이 내린 결론이 아닐까요?

[마 15:14] 그냥 두어라 저희는 소경이 되어 소경을 인도하는 자로다 만일 소경이 소경을 인도하면 둘이 다 구덩이에 빠지리라.

4부. 진화론자가 말하는 진화?

리처드 도킨스의 자연 선택이란?

(『만들어진 신』 독후감)

영국의 저명한 진화론자이며 무신론자인 리처드 도킨스의 저서 『만들어진 신』(김영사 발행)188, 189면의 내용입니다.

그중 가장 주목이 가는 대목을 여기 그대로 옮겨보겠습니다.
(창조론자들의 지적 설계론에 반박하는 내용)

"설계는 우연의 유일한 대안이 아니다. 자연 선택이 더 나은 대안이다.

사실 설계는 더 큰 문제를 일으키기 때문에 결코 진정한 대안이 되지 못한다. 설계자를 설계한 것은 대체 누구란 말인가? 우연과 설계는 둘 다 통계적 비개연성의 해답이 아니다. 하나는 그 문제 자체이고 다른 하나는 그것으로 회귀하기 때문이다.

진정한 해답은 자연 선택이다. 그것은 지금까지 제시된 해답 중 유일하게 유효하다. 그리고 그것은 유효한 해답일 뿐 아니라, 대단히 우아하고 강력한 해답이다. 자연 선택이 어떻게 비개연성의 해답이 된다는 말인가? 우연과 설계는 둘 다 출발점에서부터 실패했는데 말이다.

답은 자연 선택이 누적적인 과정이며, 그 과정이 비개연성이라는 문제를 작은 조각들로 나눈다는 사실이다. 각 조각은 약간 비개연적인 사건들이 연속해서 쌓이면 그 최종 산물들은 아주 비개연적 즉, 우연이 도달할 수 없을 정도로 비개연적이 된다.”

그는 수십 번도 더 같은 주장을 하였습니다. 이 책 중 그의 주장을 좀 더 살펴보면

“[불가능한 산 오르기]에서 나는 우화를 통해 그 점을 지적했다.

산의 한쪽은 깎아지른 듯한 절벽이어서 오를 수가 없지만, 다른 한쪽은 정상까지 완만한 비탈을 이루고 있다. 정상에는 눈(目: 필자 첨가)이나 편모 같은 복잡한 장치가 놓여 있다. 그런 복잡성이 자발적으로 자체 조립될 수 있다는 불합리한 생각은 절벽의 밑에서 단번에 정상까지 뛰어오르는 것에 비유할 수 있다. 대조적으로 진화는 산을 돌아가서 완만한 비탈을 따라 정상까지 천천히 올라가는 것에 비유된다. 쉽지 않은가? 절벽을 뛰어 오르는 것과는 달리 완만한 비탈을 오르는 것은 아주 간단하여 ,다윈이 그 사실을 발견할 때까지 너무나 긴 세월을 기다려야 했다는 사실에

놀랍게 여겨질지도 모르겠다." (동책 189면)

그의 주장을 다시 풀어보면, 우연이 이 모든 생명을 탄생시킬 수는 없다. 그러나 '자연 선택'이라는 비탈이 있기 때문에 가능하다. 그것은 절벽 뒤편의 완만한 경사가 있는 것과 같이, 절벽을 바로 올라갈 수는 없지만, 결코 불가능한 것은 아니다. 그러므로 생명이 무생물에서 생겨나는 것은 그렇게 어려운 일이 아니다. 그러므로 이 우주의 생성 과정에서 볼 수 없었던 생명이 '자연 선택'이란 (설계의 유일한 대안이 '우연'이라고 생각한다면, 결코 이해하지 못할 것이다. 동책 187면) 과정을 통해 생겨났으며 다른 대안은 없다.

이런 '자연 선택'이란 과정을 통하여 '눈이 생겨나고, 날개가 생겨나고, 털이 나고, 발톱이 나고, 자기 복제를 통하여 생명을 이어갈 수가 있다'는 말입니다.

하지만 만약 제가 다음과 같은 주장을 한다면 납득하실 분이 있겠습니까?

아주 단순한 내용입니다.

'여기 부산서 서울로 가는 철로가 있습니다.
이 철로는 앞으로 생겨날지 모르는 다른 교통수단으로 인해 언

젠가는 아무 쓸모없는 시설이 될지 모릅니다.'

(만약 세월이 많이 지나 이 철로를 보고 다음과 같은 주장을 한다면 어떻습니까?)

"이 철로는 최초 이 땅에 무진장으로 있는 쇳가루가 어느 날 강력한 자기장에 의하여 조금씩 한 곳에 모인 것이다.

얼마 지나서 이 쇳가루가 강렬한 지열과 태양열에 의하여 강철로 굳어(자연 선택) 정교하게 철로로 다듬어졌고(자연 선택) 이런 과정이 여러 번 반복되어 부산서 서울까지 가는 이 철로가 되었다. 그 밑에 콘크리트 받침 역시 땅 속에 무진장 있는 석회석이 비와 바람과 열에 의해(자연 선택) 콘크리트가(자연 선택) 되고, 일정 규모로 잘려져 철로 밑에(자연 선택에 의해) 깔리고 이를 고정하는 쇠못 역시 이런 일련의 과정에 의해 제자리에 박히고, 이 모든 것들의 조합으로 이 철로가 형성되었다. 누가 이 철로를 보고, '이건 도저히 저절로 생길 수 없으며, 누군가의 설계에 의하여 생겨났다고 주장'할지라도 그 한 과정 한 과정 자연 선택이라는 측면에서 살펴보면(뒤 비탈길) 결코 불가능한 일이 아니며, '자연 선택'이란 신기한 힘은 이 모든 것을 가능하게 한다. '우연'이 그렇게 만들 수는 없다. 그러나 '자연 선택'이란 신기한 자연의 조합은 이 모든 것을 가능하게 한다. 그게 아니라면 그럼 이 철로의 설계자는 누가 설계했는가? 그러므로 '자연 선택'만이 '우연'과 '설계'의 유일한 대안이다."

이것이 바로 이 시대의 최고 지성인이라고 하는 진화론자 리처드 도킨스의 논리가 아닌가 생각합니다.

그러나 우리 누구도 아주 단순하지만 이렇게 버려진 철로를 보고 설계자 없이 '자연 선택'이란 도깨비가 만들었다고 말하는 사람은 없을 것입니다. 그리고 이 철로의 설계자가 있다는 데에 이의를 제기하는 사람은 아무도 없을 것입니다.

그러나 이 시대의 위대한 진화론자이며 무신론자인 리처드 도킨스는

'그럼 그 철로의 설계자는 누가 설계를 했단 말인가?' 하는 질문을 하며,

이에 대한 답이 어려우니 "그러므로 이 철로는 '자연 선택'이란 도깨비가 만들었다"고 주장을 하고 있는 게 아닌가 생각합니다.

하지만 이렇게 단순한 철로도 번개 혹은 바람, 기압, 열, 우주 충돌 혹은 지진, 자기장 등이 일으키는 화학적, 물리적인 '자연 선택'에 의해 만들어질 수 없다면 이 보다 수천만 배 더 복잡하고 정교한 생물이(아무리 단순한 생물이라도 이 철로보다는 수천만 배 더 복잡하고 정교함. 그 때문에 자기 복제를 할 수 있음) 어떻게 자연 선택이란 도깨비로 하여금 간단히 만들게 할 수가 있을까요?

이것이 이성적인 사고를 하는 사람의 논리적 결론인지 다시 묻지 않을 수 없습니다.

"저는 감히 그의 '자연 선택'이란 '도깨비방망이'라고 말하고 싶습니다."

저는 아직도 그의 '자연 선택'이란 말과 '우연'이란 말과의 차이를 이해할 수가 없습니다. 저는 솔직히 '자연 선택'이라는 그의 말은 무신론자로 자처하면서 참아 자기 입으로 '신의 선택'이라고 할 수가 없어 대신 '자연 선택'이라 바꾸어 한 말이 아닌가 하는 생각이 듭니다.

그는 분명히 '우연이 생명을 스스로 탄생시킬 수는 없다.'고 말하였습니다.

그러나 신종 도깨비로 보이는 '자연 선택'이란 말로 '뚝딱' 그것은 가능하다고 주장합니다. 어찌 '자연 선택'이란 신조어 하나 만들어 낸다고 불가능한 것이 가능하게 될 수가 있으리오.

그보다는 "우연히 그렇게 될 수는 없다. 그러나 '자연 선택'이란 도깨비는 그렇게 할 수 있다. 이 도깨비(자연 선택)의 힘을 빌리면 그까짓 아무것도 아니다."고 말하는 게 더 솔직하지 않을까요?

이렇게 말하면 우리 모두 그의 말은 그냥 웃자고 하는 개그 정도로 알아듣겠지만 말입니다.

하지만 그는 이렇게 희한한 말을 너무나 진지하게 하고 있으니….

[시편 10:4] 악인은 그 교만한 얼굴로 말하기를 여호와께서 이를 감찰치 아니하신다 하며 그 모든 사상에 하나님이 없다 하나이다

저의 이해가 부족한지, 리처드 도킨슨 저 『만들어진 신』. (김영사 간) 일독을 권합니다.

진화론, 또 하나의 신화?

(『코스모스』독후감)

아래 기사는 이 시대를 대표하는 천체물리학자이며 진화론자인 저명한 저술가 칼 세이건 저『코스모스』(사이언스북스 발행) 670~674면에서 발췌한 것입니다.

"우주의 긴 역사와 우리 선조들이 걸었던 짧은 역정의 구비 구비는 인류의 대담무쌍한 탐구욕과 총명한 지혜의 발동으로 그 일부를 흘낏 흘낏 훔쳐볼 수 있었다. 이제 그 내용들을 잠깐 살펴보기로 하자.

엄청난 양의 에너지와 물질을 폭발적으로 뿜어냈던 대폭발의 큰 사건후, 가늠할 수 없는 영겁의 세월을 지내는 동안 코스모스에는 그 어떤 구조물도 없었다. 은하도 행성도 **생명도 찾아볼 수 없었다.** 빛으로 뚫고 들어갈 수 없는 칠흑의 심연만이 그 당시의 우주를 독차지했다. 구조물이라고는 하나도 없는 이 텅 빈 공간을 수소 원자들만 주인 행세를 하면서 떠돌아다녔다. 그러다 주위보다 밀도가 약간 높은 지역들이 눈에 띄지 않게 느린 속도로 천천히 자라나기 시작했다. 그리하여 빗방울이 동결하듯 질량이 여러 개의 태양을 합친 것보다 큰 기체 덩이들이 방울방울 생겼다. 드디어 그 덩어리들 안에서 물질 자체에 숨어 있던 **모종의 에너지에 불을 댕길 수 있는** 핵융합 반응이 시작됐다. 이렇게 제1세대의 별들이 태어나자 코스모스는 비로소 온통 빛으로 넘쳐나게 됐다. 그 당시에는 별빛을 받아들일 행성이 아직 태어나기 전이었으므로 하늘의 광채를 찬탄할 생명도 없었다. 별 깊숙한 곳에 자리한 용광로는 핵융합 반응이라는 연금술의 작업장이다. 가장 가벼운 원소인 수소가 타고 남은 재에서 수소보다 무거운 원소들이 합성됐다. 이렇게 만들어진 무거운 원소가 앞으로 태어날 행성과 **생명의 기본 모체가 됐다.**

(…중략…)

그중 돌과 철로 된 하나의 작은 세계가 있었으니, 그것이 바로 우리의 원시 지구였다.

(…중략…)

그러다가 어느 날 분자 하나가 원시 바다의 국물 안에서 다른 분자와 우연히 만나서 자신과 같은 분자를 어설프게나마 복제해 낼 수 있었다. 시간이 지남에 따라 이러한 화학 반응들은 더욱 복잡한 과정을 거쳐서 자기 복제의 과업을 점점 더 정교하게 수행하게 됐다.

(…중략…)

별 내부에서 진행된 연금술이 수소를 태워서 성공적으로 합성한 재가 수소보다 무거운 원소들이었음을 우리는 알고 있다. 바로 이 재가 의식을 갖춘 존재로 둔갑한 것이다. 그 후 그들은 더욱더 빠른 속도로 참으로 놀라운 일들을 많이도 해냈다. 글자를 발명하고 도시를 건설하고 예술과 과학을 발달시켰으며 급기야 다른 행성과 별에 우주 탐사선을 보내기 시작했다. 이러한 것들이 150억 년 우주의 역사 안에서 수소 원자가 이룩해 낸 놀라운 업적의 일부이다."

그리고 그는 아래와 같이 결론을 내렸습니다.

여기까지의 이야기가 마치 신화의 서사시처럼 들렸을 것이다. **옳은 판단이다. 이것은 하나의 신화이다.** 현대 과학이 서술한 우주 진화의 대서사시인 것이다(동책 674면).

'이것은 하나의 신화이다.'
이것이 이 시대를 대표하는
무신론자인 칼 세이건의 고백입니다.

'바로 이 재가 의식을 갖춘 존재로 둔갑한 것이다.' 이게 과학자가 할 소리인지 다시 물어보지 않을 수 없습니다.

하지만 분명 신화와 과학은 구별되어야 하는 게 아닌가 생각합니다.

이것은 그가 한낱 신화에 불과하다며 조롱한 성경 창세기의 창조 기록을 반박하기 위하여 그 자신이 또 하나의 신화(둔갑술)를 만들어 냈다는 말이 될 것입니다.

당신은 어느 쪽입니까?

무신론자들이 만들어 낸 진화 신화?
혹은
성경의 창조기록?

나비의 일생, 몇 백 만년 진화의 산물인가?

다음 그림으로 호랑나비의 일생을 살펴보시겠습니다.

이 애벌레에서 성충인 호랑나비가 되기까지 겨우 한 달 정도의 시간이 걸린다고 합니다.

전남 함평 나비축제에서 황경식 선생님 작

그러나 오늘날 진화론자들은 이 같은 애벌레가 수백만 년의 세월 동안 점진적인 진화 과정을 거쳐 이같이 아름다운 나비가 되었다고 주장할 것 같지 않습니까?

하지만 이 애벌레가 나비가 되기까지는 채 한 달도 걸리지 않습니다.

당신은 이미 당신의 두 눈으로 이 같은 나비의 일생을 똑똑히 보아 알고 있습니다.

아직도 진화론이 더 그럴듯하게 보이십니까?

전남 함평군 나비축제에서 황경식 선생님 촬영

로마서 1장 28절입니다.

또한 저희가 마음(난외주:지식에)에 하나님 두기를 싫어하매 하나님
께서 저희를 그 상실한 마음대로 내어 버려두사 합당치 못한 일을 하게
하셨으니

나는 한 마리 짐승이다?

오늘날 많은 사람들은, 인간은 본래 자연 발생('자연 선택'이란 말로 바꿈)한 미생물에서 진화한 짐승으로 동물의 한 종이라고 합니다.

심지어 우리의 공교육까지 그렇게 가르치고 있는 게 현실입니다.

한편으로 아무리 작은 생물일지라도 자연 발생하지는 않는다고 상반되게(생명의 자연발생설 부인) 가르치고 있습니다.

그러나 소수이긴 하나, 아직도 인간은 처음 한 분 조물주에 의해 창조되었고 그 인간 조상으로부터 태어났다고 믿고 있는 사람들이 있습니다.

우리는 알게 모르게 이 두 부류 중 하나에 속해있습니다.

저의 생도 이제 얼마 남지 않았습니다.

저도 곧 한 줌 흙으로 돌아갈 것입니다.

그러나 저는 한 분 조물주께서 약속하신 바와 같이 다시 새롭게 살아날 것을 믿습니다.

내가 태어난 것이 엄연한 사실일진데 다시 살게 될 것(부활)을 못 믿을 이유가 없다고 생각합니다.

하지만 태어난 것이 내 의지에 의해 된 것이 아니듯 부활(어떤 형태인지 알 수는 없지만) 또한 내 의지에 의해서는 아닐 것입니다.

그러나 그게 어떤 형태로든 사실이 될 것을 믿습니다.

그러나 하나님은 자신을 한 마리 짐승이라 주장하며 창조주 하나님을 믿는 사람들을 조롱하는 사람들에게도 그가 스스로 믿는 바 미래를 마련해 주실 것입니다.

"그 악인들은 마치 잡혀서 죽으려고 태어난 이성이 없는 짐승과 같아서 알지도 못하는 일들을 헐뜯습니다. 그러다가 그들은 그 **짐승들처럼 멸망을** 당하고 말 것입니다." [베후 2:12 공동번역]

이 얼마나 공정한 판결입니까?

가장 공정한 재판은 원고와 피고 모두 만족하는 재판이라고 하지 않습니까?

우리들 누구도 하나님의 이 판결에 불만을 표시하지 못할 것입니다.

왜냐하면 그들 진화론자들은 자신을 스스로 한 마리 짐승이라 주장하기 때문입니다.

이제 자신을 스스로 한 마리 짐승이라 주장하며 그렇게 살다 생을 마칠 것인가?

한 분 창조주 하나님을 믿는 사람으로 그에 합당한 삶을 살 것인가?

우리 각자의 선택만 남아 있습니다.

당신은 어느 쪽입니까?

[로마서 1:20] 창세로부터 그의 보이지 아니하는 것들 곧 그의 영원하신 능력과 신성이 그가 만드신 만물에 분명히 보여 알려졌나니 그러므로 그들이 핑계하지 못할지니라.

5부. 옛 고전에 나타난 신의 손가락

모세 오경을 읽고

모세 오경은 성경 66권 중 첫째 권 창세기를 시작으로 출애굽기, 레위기, 민수기, 신명기, 이 다섯 권을 일컫는 말입니다.

이 책들은 고대 이스라엘 백성을 애굽에서 인도해 낸 이스라엘의 지도자 모세가 쓴 책으로 창세기 앞부분을 제외하고는 대부분 그들 이스라엘의 초기 역사와 율법과 교훈으로 되어 있습니다.

하지만 모세가 죽은 후의 내용도 일부 포함된 것으로 보아 모세가 기록한 내용을 기초로 나중 누가 재편집했을 것이라는 학설이 더 유력해 보입니다.

이스라엘 지도자들은 모세 오경에 기록된 십계명을 기초로 한 율법에 따라 나라를 다스렸습니다.
그런데 이 중에는 다른 나라에서는 그 예를 찾아볼 수 없는 아주 특별한 법률들이 들어있습니다.

먼저 그 예로 십계명 중에 들어 있는 안식일의 의미부터 살펴보겠습니다.

고대 이스라엘의 안식일은 간단히 말해서, 엿새 일 하고 하루 쉬는 날입니다.

오늘날 엿새 일 하고 하루 쉬는 휴일은 이미 우리 일상이 되었기 때문에 어느 나라가 이런 법을 제정했다는 뉴스는 그렇게 특별한 일이 아닌 것처럼 들릴 것입니다.
그리고 요즈음 대부분의 국가에서는 이미 근로기준법으로 근로와 휴식에 관한 세부 기준이 마련되어 있습니다.
하지만 지금으로부터 3500년 전에 이런 법이 제정되었다는 것은 참으로 놀라운, 아니 불가능에 가까운 일이 아닌가 생각합니다.

그 옛날엔 지금처럼 기계의 힘으로 편리하게 살 수 있는 세상이 아니었습니다.
그러므로 당시 그 나라 통치자들의 불편함은 모두 다른 사람들의 노동으로 해결하였습니다.
이런 시대에 자기 집에 거하는 노예나 하인까지 일주일에 하루는 반드시 쉬도록 하는 법을 만든 다는 게 가능할까요?
그것도 윤번제가 아닌 한날한시에….

그때엔 그 어떤 나라도 오늘날처럼 모두 선거를 통하여 대표자를 뽑고 그들 스스로 자신들을 위한 법을 만드는 제도가 갖추어지지도 않았습니다.

이 법이 제정된 지 1500년 후 한 분은 안식일에 대하여 다음과 같이 말씀하셨습니다.

27. 또 이르시되 안식일이 사람을 위하여 있는 것이요 사람이 안식일을 위하여 있는 것이 아니니라. [마가복음 2:27]

이 말씀은 안식일에 누가 혜택을 누릴지를 말해주는 것으로 당시 지배층을 아주 당황하게 한 말이었을 것입니다.

어느 사회나 지배자들은 이런 안식일 법이 없어도 얼마든지 휴식하고 여가를 즐길 수 있었습니다.
하지만 지금도 가난한 사람들은 하루도 마음 놓고 쉴 날이 없습니다. 이런 현실을 고려해 볼 때 이 안식일에 관한 법의 수혜자는 너무나 명백합니다.

도대체 당시 이스라엘 지도자들은 왜 자신들에게 아무런 도움이 되지 않고 오히려 불편만 가중하는 이런 법을 만들었을까요?
그런데 여기 안식일 법은 이스라엘 지배계급이 부리는 노예나

사내종이나 여종이나 하인들만이 그 수혜자가 아니었다는 게 더 놀랍습니다.

그들이 집에서 기르는 가축도 이 법의 수혜자로 명시하고 있기 때문입니다.

그 증거로 모세 오경 중 출애굽기 20장을 살펴보겠습니다.

8. 안식일을 기억하여 거룩하게 지키라 9. 엿새 동안은 힘써 네 모든 일을 행할 것이나 10. 일곱째 날은 네 하나님 여호와의 안식일인즉 너나 네 아들이나 네 딸이나 네 남종이나 네 여종이나 네 **가축이나** 네 문 안에 머무는 객이라도 아무 일도 하지 말라.

오늘날 20세기 말 일부 선진국에서 이와 유사한 동물 보호에 관한 법이 제정되었다는 사실을 생각해 보면 이 법이 얼마나 선진적인지 알 수 있을 것입니다.

이 얼마나 실제적이고 윤리적인 근로기준법이며 동물보호법입니까?

여기 안식일 법보다 더 주목이 가는 법이 또 있습니다.
그것이 '안식년'에 관한 법령입니다.
이 법은 성경 레위기 25장 4, 5절에 나오는데, 6년 일하고 한 해는 아무 곡식도 심지 말고 이미 심어진 농작물이라도 가꾸지 말고 수확도 하지 말라는 내용입니다.

이 법률도 안식일과 마찬가지로 세계 어느 국가에서도 입법한 적이 없습니다.

보통 법령은 그 필요성이 느껴져야 제안됩니다.
하지만 농경사회에서 이런 법을 제정한다는 것은 모든 상황을 다 고려해 보더라도 입법 자체부터 불가능해 보입니다.

그렇다고 하여 이 법은 어떤 강력한 독재자가 단독으로 제정할 수 있을 것 같지도 않습니다.

한 나라의 농지를 6년 경작하고 한해를, 그것도 윤작이 아닌 완전히 전 국토를 쉬게 하는 (이 세상 어느 나라에도 없는) 이런 법률을 제정한다는 것은 어떤 강력한 영도자가 이끄는 군대의 힘으로 될 수 있는 사안이 아닙니다.

왜냐하면 이건 바로 군대의 식량 곧 군량미를 제한하는 것으로 나라를 지키는 군대의 생존과 직접적으로 관계가 있기 때문입니다.

하지만 이 법률은 제정되었고 레위기 25장에 다음과 같이 명문화되어 있습니다.

안식년

1. 여호와께서 시내 산에서 모세에게 말씀하여 이르시되

2. 이스라엘 자손에게 말하여 이르라 너희는 내가 너희에게 주는 땅에 들어간 후에 그 땅으로 여호와 앞에 안식하게 하라

3. 너는 육 년 동안 그 밭에 파종하며 육 년 동안 그 포도원을 가꾸어 그 소출을 거둘 것이나 4. 일곱째 해에는 그 땅이 쉬어 안식하게 할지니 여호와께 대한 안식이라 너는 그 밭에 파종하거나 포도원을 가꾸지 말며

5. 네가 거둔 후에 자라난 것을 거두지 말고 가꾸지 아니한 포도나무가 맺은 열매를 거두지 말라 이는 땅의 안식년임이니라

6. 안식년의 소출은 너희가 먹을 것이니 너와 네 남종과 네 여종과 네 품꾼과 너와 함께 거류하는 자들과

7. 네 가축과 네 땅에 있는 들짐승들이 다 그 소출로 먹을 것을 삼을지니라.

우리의 상식으로 생각해 볼 때 이런 법을 제정한다는 것은 그 나라의 안보를 심각하게 위협할 수 있는 반국가적 행위가 될 것입니다.

어느 나라가 감히 한 해 농사를 완전히 짓지 말도록 하는 정신

나간 법을 제정할 수 있겠습니까?

최근에 와서야 연작보다 일정 기간 휴경을 하는 게 더 많은 소출을 낸다는 사실을 알게 되었습니다.

이 또한 너무나 신기한 일이 아닐 수 없습니다.

그때 이미 이스라엘 사람들은 휴경(休耕)에 대한 것을 알고 있었기 때문에 이런 법을 만들었을까요?

그런데 이것만이 아닙니다.

안식년은 단순히 땅만 쉬게 하는 법이 아니라는 게 더 놀랍습니다.

이 해는 '노예 해방의 해'이기도 하기 때문입니다.

이 세상엔 언제나 가난한 사람들이 있게 마련입니다. 이 안식년은 그들이 질 수밖에 없는 빚도 탕감해 주는 해였습니다.

너무나 놀랍지 않습니까?

신명기 제15장입니다.

1. 매 칠 년 끝에는 면제하라

2. 면제의 규례는 이러하니라. 그의 이웃에게 꾸어준 모든 채주는 그것을 면제하고 그의 이웃에게나 그 형제에게 독촉하지 말지니 이는 여호와를 위하여 면제를 선포하였음이라

3. 이방인에게는 네가 독촉하려니와 네 형제에게 꾸어준 것은 네 손에서 면제하라

4-5. 네가 만일 네 하나님 여호와의 말씀만 듣고 내가 오늘 네게 내리는 그 명령을 다 지켜 행하면 네 하나님 여호와께서 네게 기업으로 주신 땅에서 네가 반드시 복을 받으리니 너희 중에 가난한 자가 없으리라

6. 네 하나님 여호와께서 네게 허락하신 대로 네게 복을 주시리니 네가 여러 나라에 꾸어 줄지라도 너는 꾸지 아니하겠고 네가 여러 나라를 통치할지라도 너는 통치를 당하지 아니하리라

7. 네 하나님 여호와께서 네게 주신 땅 어느 성읍에서든지 가난한 형제가 너와 함께 거주하거든 그 가난한 형제에게 네 마음을 완악하게 하지 말며 네 손을 움켜쥐지 말고

8. 반드시 네 손을 그에게 펴서 그에게 필요한 대로 쓸 것을 넉넉히 꾸어주라

9. 삼가 너는 마음에 악한 생각을 품지 말라 곧 이르기를 일곱째 해 면제년이 가까이 왔다 하고 네 궁핍한 형제를 악한 눈으로 바라보며 아무 것도 주지 아니하면 그가 너를 여호와께 호소하리니 그것이 네게 죄가 되리라

10. 너는 반드시 그에게 줄 것이요, 줄 때에는 아끼는 마음을 품지 말 것이니라. 이로 말미암아 네 하나님 여호와께서 네가 하는 모든 일과 네 손이 닿는 모든 일에 네게 복을 주시리라.

11. 땅에는 언제든지 가난한 자가 그치지 아니하겠으므로 내가 네게 명령하여 이르노니 너는 반드시 네 땅 안에 네 형제 중 곤란한 자와 궁

핍한 자에게 네 손을 펼지니라

종을 대우하는 법 [출 21:1-11]

12. 네 동족 히브리 남자나 히브리 여자가 네게 팔렸다 하자 만일 여섯 해 동안 너를 섬겼거든 일곱째 해에 너는 그를 놓아 자유롭게 할 것이요

13. 그를 놓아 자유하게 할 때에는 빈손으로 가게 하지 말고

14. 네 양 무리 중에서와 타작마당에서와 포도주 틀에서 그에게 후히 줄지니 곧 네 하나님 여호와께서 네게 복을 주신 대로 그에게 줄지니라.

15. 너는 애굽 땅에서 종 되었던 것과 네 하나님 여호와께서 너를 속량하셨음을 기억하라 그것으로 말미암아 내가 오늘 이같이 네게 명령하노라

(…중략…)

18. 그가 여섯 해 동안에 품꾼의 삯의 배나 받을 만큼 너를 섬겼은즉 너는 그를 놓아 자유하게 하기를 어렵게 여기지 말라 그리하면 네 하나님 여호와께서 네 범사에 네게 복을 주시리라 .

이 얼마나 놀라운 법입니까?

그를 놓아줄 때 여기 '빈손으로 가게 하지 말라'고 하였네요.

꼭 퇴직금을 챙겨서 보내라고 하셨군요.

아니면 다시 노예로 팔릴 것이기 때문입니다.

그런데 이 해로부터 3천 년도 더 지난 1862년 미국의 대통령 링컨이 노예 해방을 선언하였습니다.

이점을 생각하면 이 얼마나 놀라운 법인지 알 수 있을 것입니다.

다음으로 주목이 가는 법이 또 있는데 바로 희년에 관한 법률입니다.

이스라엘인들은 칠년마다 안식년을 지키라는 법을 만들었습니다.

그리고 다시 일곱째 안식년 바로 다음 해에 연이어 안식년을 지키라는 법을 제정하였습니다. 그러니까 7년 기간의 일곱 번째인 49년이 되는 안식년 그다음 해 50년이 되는 해에도 희년 혹은 대희년이라는 이름의 안식년 법을 제정하였습니다.

이 내용을 좀 더 자세히 살펴보면, 매 안식년 외에 일곱 번째 안식년 바로 다음 해에도 연이어 농사를 짓지 말고 모든 백성이 전전해에 비축한 곡식과 저절로 나는 것만 먹고 살도록 한 것입니다.

이렇게 두 해를 완전히 농사를 짓지 못하도록 법을 만드는 일, 이게 한 국가에서 있을 수 있는 일일까요?

오늘날도 식량은 그 나라의 안보 차원에서 가장 중요한 전략 물자입니다. 그런데 고대 이스라엘은 한 해도 아닌 두 해나 거듭 농사를 짓지 않고 살겠다고 이런 법을 제정하였으니, 아무리 생각해도 이건 납득이 가지 않습니다.

구약성경 레위기 27장 24절엔 이런 기록도 있습니다.

'그가 판 밭은 희년에 그 판 사람에게 곧 그 땅의 원 주인에게 되돌아갈지니라.' 이 법은 희년에는 누가 땅을 소유하고 있든 그 원래 땅 주인에게 무상으로 돌려주라는 것입니다.

어느 나라든 사람이 살다 보면 자연 토지 거래가 있기 마련입니다. 이 법은 필연적으로 따라 오는 빈익빈 부익부를 막는 가장 합리적이고 확실한 방법이 아닌가 생각합니다.

이것이야말로 오늘날 토지공개념 제도의 효시가 아닌가 생각됩니다.

이상 두 법, 안식년에 관한 율법과, 희년에 관한 법이야말로, 그들의 하나님 여호와가 자신들과 함께하시며, 이스라엘 백성이야말로 모세 오경에 기록된 기적을 경험한 백성이라는 확실한 증거가 아닐까요?

그러므로 하나님이 인간에게 남긴 가장 확실한 흔적이 아닌가 생각합니다.

그들이 이런 법을 제정할 수 있었다는 것은

그들은 매일 하나님이 하늘로부터 내려주시는 기적의 밥 만나를 공급받고, 바위에서 나오는 기적의 샘물을 받아 마시며, 해지지 않는 의복과 떨어지지 않는 신발을 신으며, 낮에는 구름 기둥으로 보호를 받으며, 밤에는 불기둥으로 인도를 받은 민족,

성경 모세 오경에 기록된 대로 바다가 기적적으로 갈라져, 그들은 그 바다를 육지처럼 건넜으나, 자신들을 추적하던 애굽 군대는 그 바다에 몰살당하는 광경을 직접 목격한 민족이기 때문에 가능하지 않았나 생각합니다.

그들의 하나님 여호와만이 자신들을 적으로부터 구원해주시며 보호해 주실 수 있는 가장 힘 있는 군대가 된다는 사실을 직접 체험한 민족이 아니면 절대로 이 같은 법률을 제정할 수는 없을 것입니다.

이것이 지금까지 평생 성경을 읽고 제가 내린 결론입니다.

6부. 오늘날 누가 진정 참 하나님의 백성인가?

오늘날 누가 진정 '참 하나님'의 백성인가?

오늘날 누가 진정 하나님의 백성인가를 아는 것은 아주 중요한 문제입니다.

왜냐하면 성서는 그리스도인들의 연합을 강조하며 다음과 같이 기록하고 있기 때문입니다.

[히 10:25]
모이기를 폐하는 어떤 사람들의 습관과 같이 하지 말고 오직 권하여 그 날이 가까움을 볼수록 더욱 그리하자

하지만 이 히브리서의 권고는 복음서에 나오는 "거짓 선지자들을 삼가라"[마 17:15절]는 경고의 말씀과 같이 생각해야 하므로 우리는 누구와 연합해야 할 것인지를 신중하게 고려하지 않으면 안 될 것입니다.

앞으로 몇 차례로 나누어

고대 하나님의 사람은 누구였으며,

초기 그리스도인 교회 곧 하나님의 백성은 누구로 구성되어 있었는가?

그 조직의 역할은 무엇이었으며

그 조직은 어떤 형태로 오늘날까지 존재하여 왔는가?

아울러 오늘날 진정한 의미의 하나님의 교회 성원은 누구이며,

그들의 역할은 무엇인가 하는 등등에 관하여 살펴보겠습니다.

가족 교회로 시작한 하나님의 사람들

인간 조상 아담의 범죄 후 하나님과 좋은 관계를 유지하며 올바른 숭배를 드린 최초의 사람이 있었습니다.

이분이 바로 성경 창세기의 아벨입니다.

그는 아담의 아들 가인의 동생으로 아담의 장자는 아니었습니다.

그들은 똑같이 각자 자기의 제단에 하나님께 예물을 바쳤습니다.

그러나 아벨의 제물은 받아드려졌지만 형 가인의 제물은 가납되지 않았습니다.

여기에서 주목할 부분은 하나님께서 장자인 가인을 통하여 예물을 드리도록 숭배를 일원화하지는 않으셨다는 것이 아닐까 생각됩니다.

다음으로 성서에 기록된 의인으로는 인류 중 가장 오래 산 므두

셀라의 아버지 에녹을 들 수 있습니다.

다음 바로 생각나는 사람은 우리가 너무나 잘 아는 노아가 있습니다.

그는 셈, 함, 야벳이라는 세 아들의 아버지였고 노아 홍수를 예고하며 당시 악한 세상에 하나님의 경고의 말씀을 전한 사람으로 자신의 '가족 교회'를 성공적으로 이끌어 오신 분입니다.

그 후에 우리가 주목할 만한 사람으로 아브라함을 들 수 있습니다.
그런데 이때에도 하나님에게 참 숭배를 드린 몇 사람이 더 보이는데 한 사람은 아브라함의 조카 롯이며 한 사람은 당시 살렘의 왕이었던 멜기세덱이 있습니다.

아브라함의 조카 롯은 소돔 성읍의 멸망 때 가족 교회를 이끌어 온 인물로, 마지막 순간 아내도 구출하지는 못했지만 두 딸을 하나님의 심판에서 구해낸 사람으로 가족 교회의 가장으로서 본을 보이신 분입니다.

그리고 아브라함이 아브람으로 불리어 질 때 곧 소돔이 멸망되기 전 멜기세덱이 있습니다. 창세기 14장 18~19절의 기록에 의

하면 그는 당시 하나님의 제사장이었습니다.

여기서도 우리가 주목해야 할 것은 당시 하나님께서는 오직 한 통로 아브람을 통해서만 자신의 뜻을 전하시지 않으셨다는 점이 아닐까 생각합니다.

다음으로 주목이 가는 인물 야곱에 대하여 살펴보겠습니다.

그는 아브라함의 손자로 열두 아들을 두었는데 당시 세계에서 가장 성공한 '가족 교회'의 가장이 아니었나 생각합니다.

그리고 아직 기록 연대를 정확히 알 수 없으나 성경 '욥기'의 주인공 욥을 들 수 있습니다. 이분 역시 가족 교회를 인도한 사람 중 한 사람이었습니다(욥기엔 몇 사람이 더 보임).

이상 성경 기록을 살펴볼 때 멜기세덱을 제외하고는 이들 대부분 '가족 교회'의 가장으로 자신의 가족과 동시대의 사람들에게 하나님의 뜻을 비교적 성공적으로 수행하였음을 알 수 있습니다.

그래서 편의상 당시를 '가족 교회' 시대라 구분하여 보았습니다.

다음 훌쩍 뛰어넘어 출애굽 후 광야교회에 대하여 살펴보겠습니다.

'광야 교회' 사람들

성경 창세기에 기록된 족장들 시대 곧 '가족 교회' 시대를 지나 하나님의 교회가 명실상부한 조직의 형태를 띠고 교회의 모습을 갖춘 시기는 아무래도 이스라엘 민족의 지도자 모세가 애굽을 탈출하여 시내산에서 십계명을 받은 후가 아닌가 생각됩니다.

어떤 집단이고 그 조직의 형태를 유지하기 위해서는 집단을 결속시키는 성문화된 법이 있어야 합니다.

모세 시대 이스라엘 백성은 이미 꽤 큰 민족을 이루었고, 때에 맞게 하나님으로부터 율법도 받았으므로 국가 형태의 조직을 갖추게 되었습니다.

이런 일련의 과정을 거치는 동안 이스라엘은 당시 세계에서 하나님으로부터 인정받은 유일한 나라가 되었습니다.

이 점에 관하여 에베소서 2장 12절은 다음과 같이 기록하고 있습니다.

"그때 여러분은 그리스도와 아무 관계가 없었고 이스라엘 국민도 아니었으며 하나님의 약속에 근거한 계약에서도 제외되었으며 이 세상에서 희망도 없고 하나님도 없이 살았습니다. [현대인의 성경]

그 조직은 모세를 필두로 아론 그리고 열두 지파로 이루어진, 성서에 표현대로 '광야 교회'가 된 것입니다. [행 7:38]

이 광야 교회의 모습은 나중 예수 그리스도께서 세우신 교회의 모형으로 눈여겨보아 둘 필요가 있습니다.

광야 교회의 숭배와 조직적 배교

하나님께서 모세를 통하여 이스라엘 백성들에게 주신 십계명은 이 나라의 명실상부 헌법이었습니다.

이 법으로 이스라엘의 각 성원들은 하나님의 조직 곧 광야 교회의 일원이 되었습니다.

그러나 그들이 이 법을 지킬 것을 맹세하였다고 해서 구원이 보장되는 것은 아니었습니다. 또한 그들이 자신들의 지도자들과 지속적인 연합을 할지라도 그들이 가고자 한 가나안 땅이 보장되는 것도 아니었습니다.

그 좋은 예로, 모세가 시내산에 올라가서 더디 내려오자 이스라엘 백성들은 아론에게 우상을 만들어 줄 것을 요구하였습니다.

그들의 지도자 아론은 이스라엘 백성들의 성화에 못 이겨 금송아지를 만들어, '이것이 애굽에서 자신들을 구원해 낸 하나님'이라 선언하며 숭배를 하였습니다.

이런 행위는 그들의 참 하나님 여호와에 대한 중대한 범죄 행위였습니다.

그들은 당시 모세가 시내산에 올라간 사이 40일 동안 그들의 지도자 아론과 연합하여 그 같은 일을 하였습니다.

그러나 그들은 정죄되었고 그 행위를 회개하지 않은 사람들은 결국 죽임을 면치 못하였습니다.

이런 일은 이스라엘인들의 광야 생활 중 여러 번 반복되었고 그때마다 처벌이 뒤따랐습니다.

그들은 이스라엘 백성으로서의 신분을 유지하고 있었지만, 하나님의 심판을 면제받지는 못했습니다.

그들은 처음부터 믿음이 부족한 민족이었습니다.

그 결과 20세 미만의 미성년자를 제외한 장정 육십만 이스라엘 백성은 모두 광야에서 죽임을 당하였습니다. 그들 중 겨우 두 사람만이 처음 약속받은 땅 가나안에 들어갈 수 있었습니다.

여기 구원받은 두 사람과 나머지 수십만 중 누가 진정한 의미의 하나님의 백성인가 다시 한번 묵상해 보았습니다.

사사 시대 하나님의 사람들

이스라엘 백성들이 성공적으로 가나안에 들어간 후 여호수아가 죽자 하나님께서는 사사를 일으켜 이스라엘을 다스리셨습니다.

하지만 이스라엘 사람들은 그들의 사사들이 죽으면 곧 하나님의 길에서 떠나 이방 신들을 섬기는 배신의 길을 걸었습니다.

사사기 2장 19절은 다음과 같이 기록하고 있습니다.

"그러나 사사가 죽으면 백성들은 옛 습성으로 되돌아가 그들의 이전 세대보다 더 부패하여 다른 신들을 섬기고 절하며 그들의 악한 행위와 못된 습성을 버리지 못하였다."

한편 이런 어려운 시기에도 하나님의 법을 지킨 사람이 있었습니다.

그중 성경 룻기에 나오는 나오미와 그녀의 이방인 며느리 룻입니다.

나오미의 가족이 모압으로 이주하기 전 이스라엘 땅에는 큰 흉년이 들었습니다. 그 때문에 그들은 자기 나라를 떠나 이웃나라 모압 땅에 가서 살게 되었습니다. 하지만 나오미는 그 나라에서 남편과 두 아들마저 잃고 외로운 신세가 되었습니다.

이러한 어려움 속에서도 그녀는 이방 여인인 두 며느리들에게 참 하나님에 대한 모범적인 숭배를 보였습니다. 비록 남의 나라에서 어렵게 살긴 했지만, 그녀는 하나님에 대한 믿음을 결코 버리지 않았습니다.

그 결과 며느리들의 신임을 얻었고 그중 한 며느리는 나오미가 다시 고향에 돌아올 때 그녀를 따라왔습니다.

이 두 사람은 나중 이스라엘에서 가장 유명한 왕 다윗의 조상이 되었습니다.

룻의 이야기 4장 13~14절은 여호와 하나님으로부터 축복받은 두 여인에 대하여 다음과 같이 말하고 있습니다.

13. 이렇게 해서 보아스는 룻과 결혼하게 되었다 여호와께서 룻을 축복하셔서 마침내 룻이 아들을 낳자

14. 성 안 여자들이 나오미에게 이렇게 말하였다 "여호와를 찬양합니

다! 여호와께서 오늘 당신에게 유산을 이어받을 손자를 주셨으니 이 아이가 이스라엘에서 유명한 사람이 되기를 바랍니다." [현대인의 성경]

여기 나오미는 형편상 이스라엘이라는 하나님의 조직을 떠나 살았지만, 끝까지 하나님에 대한 숭배를 포기하지 않았으며, 이방 며느리까지 감동시켜 그녀를 데리고 고향으로 돌아올 수 있었습니다. 그 결과 하나님의 축복을 받았습니다.

이들은 여호와 하나님께서 진정 누구의 편인지를 보여주는 좋은 예가 아닌가 생각합니다.

왕조 시대 하나님의 사람들

이 시대 가장 유명한 사람 몇을 들라면 첫 번째 왕 사울과 두 번째 왕인 다윗이 아닌가 생각합니다. 그리고 솔로몬을 들 수 있을 것입니다.

첫째 왕 사울은 처음 하나님 보시기에 겸손한 사람이었습니다.

하지만 나중 그는 시기심과 교만으로 결국 하나님이 기름 부으신 왕의 자리까지 빼앗기고 말았습니다.

이 때 이스라엘의 한 촌락에 다윗이란 사람이 있었습니다.

그는 부모님과 형들을 도와 양을 돌보는 목동이었습니다.

그 무렵 이스라엘과 이웃 블레셋 나라에 전쟁이 있었는데 다윗은 탁월한 믿음으로 저 유명한 블레셋의 장수 골리앗을 이길 수 있었습니다.

이제 그는 이스라엘 백성들에게 아주 유명한 사람이 되었습니다. 그러나 이 일로 사울의 미움을 사고 말았습니다.

이후 그는 여러 번 사울 왕으로부터 죽임을 당할 뻔 하였고, 사울 왕에 쫓기어 하나님의 조직이 아닌 적국 블레셋에 망명을 한 적도 있었습니다. 하지만 그는 하나님에 대한 믿음을 저버리지는 않았습니다.

그 내용은 사무엘상 27장에 기록되어 있습니다.

1. 다윗이 그 마음에 생각하기를 내가 후일에는 사울의 손에 붙잡히리니 블레셋 사람들의 땅으로 피하여 들어가는 것이 좋으리로다. 사울이 이스라엘 온 영토 내에서 다시 나를 찾다가 단념하리니 내가 그의 손에서 벗어나리라 하고

2. 다윗이 일어나 함께 있는 사람 육백 명과 더불어 가드 왕 마옥의 아들 아기스에게로 건너가니라.

3. 다윗과 그의 사람들이 저마다 가족을 거느리고 가드에서 아기스와 동거하였는데 다윗이 그의 두 아내 이스르엘 여자 아히노암과 나발의 아내였던 갈멜 여자 아비가일과 함께 하였더니

4. 다윗이 가드에 도망한 것을 어떤 사람이 사울에게 전하매 사울이 다시는 그를 수색하지 아니하니라.

5. 다윗이 아기스에게 이르되 바라건대 내가 당신께 은혜를 입었다면 지방 성읍 가운데 한 곳을 내게 주어 내가 살게 하소서 당신의 종이 어찌 당신과 함께 왕도에 살리이까 하니

6. 아기스가 그 날에 시글락을 그에게 주었으므로 시글락이 오늘까지 유다 왕에게 속하니라

7. 다윗이 블레셋 사람들의 지방에 산 날 수는 일 년 사 개월이었더라

이스라엘이 두 나라로 갈라졌어도
믿음의 사람들은 있었습니다

다윗의 아들 이스라엘의 왕 솔로몬은 하나님으로부터 큰 축복을 약속받은 사람입니다.

하지만 그는 이방 나라의 여인을 아내로 맞이하므로 하나님을 배반하는 길로 가고 말았습니다. 그 결과 이스라엘은 북쪽 이스라엘과 남 유다로 갈라지게 되었습니다.

이렇게 갈라진 두 나라는 여러 번 싸우기도 하였습니다.

그리고 이들 나라는 앞서거니 뒤서거니 각기 배교의 길을 갔습니다.

그중 북쪽 이스라엘의 배교가 더 심했고 먼저 망하였습니다.

그러나 북쪽 이스라엘에 예후라는 장수가 있었으니 그는 한때 하나님에게 아주 열성적인 믿음을 보인 왕이기도 하였습니다.

이외 주로 북쪽에서 활동한 예언자 엘리야와 엘리사도 너무나 유명한 이름의 선지자입니다.

엘리사 시대에 이방인 중에 시리아군 총사령관인 나아만이란 사람도 있었는데 그는 처음 하나님의 선지자의 권고를 듣지 않았으나 나중 부하의 권유로 자신의 병을 깨끗이 고침 받았습니다.

그리고 열왕기하 4장에 나오는 민초 수넴 여인도 하나님의 사람을 분별할 줄 아는 지혜로운 사람 중 하나였습니다.

한편 남쪽 유다 왕국의 왕들 중 몇 명도 하나님에게 믿음을 나타냈습니다.

그러나 르호보암을 비롯하여 대부분의 왕들과 백성들이 반역하였기 때문에 결국엔 그들이 예배드리는 성전과 수도 예루살렘까지 완전 폐허가 되고 말았습니다.

이 직전 자기 조국 유대에 반국가적(?) 행동을 한 사람이 있었으니 그가 바로 저 유명한 예레미야입니다.

그는 심지어 예루살렘 거민에게 적국인 바빌론에 항복하라고까지 하였습니다.

이런 주장들은 유다 왕국의 입장에서 볼 때 분명 매국행위였으며 하나님의 나라를 반역하는 역적같이 보였습니다.

하지만 그가 그런 예언을 할 수 있었던 것은 당시 하나님의 나라가 너무나 철저히 하나님의 법을 어기는 배신행위를 했기 때문입니다.

여기 역대하 36장 21절에서는 배교한 남 유다 왕국이 얼마나 철저히 멸망하였는지 말해주고 있습니다.

"이에 토지가 황폐하여 땅이 안식년을 누림 같이 안식하여 칠십 년을 지냈으니 여호와께서 예레미야의 입으로 하신 말씀이 이루어졌더라."

이보다 오래전 북쪽 이스라엘의 선지자 엘리야는 '혼자'가 되기까지 외로운 믿음의 본을 보였습니다.
열왕기상 19장 14절에서 엘리야는 하나님 앞에 오직 자기 하나만 남았다고 절규하였습니다.

앞에서 보시는 바와 같이 이스라엘이 두 나라로 갈라졌을 때에도 하나님께서는 한 통로를 통해서만 계시를 주시지 않았습니다.

이외 조국의 완전한 멸망이 예언된 상태에서, 예루살렘도, 성전도, 제사장도, 보이는 인간 왕도 없는 상황 곧 남의 나라에서도 끝까지 믿음을 지킨 사람이 있었는데 이들이 바로 저 유명한 다니엘과 그의 세 친구입니다.

이 보다 먼저 이사야, 스가랴와 북쪽 나라 이스라엘의 아합왕 시대의 오바댜 미가야 등도 외롭게 믿음을 지킨 사람들이었습니다.

그들은 모두 하나 같이 이스라엘과 예루살렘에 있는 왕과 대제사장 같은 보이는 인간 조직의 사수를 외친 사람이 아니라 하나님에 대한 믿음의 고수자가 되기를 원하였습니다.

이와 관련된 증거 성구들을 하나하나 올려보겠습니다.

[왕상 18장 3절]
아합이 왕궁 맡은 자 오바댜를 불렀으니 이 오바댜는 여호와를 지극히 경외하는 자라

[열왕기하 18장 12절]
"이와 같이 사마리아가 멸망하게 된 것은 이스라엘 사람들이 그들의 하나님 여호와께 불순종하고 그와 맺은 계약을 지키지 않았으며 여호와의 종 모세가 전해준 법에 따라 살지 않았기 때문이었다." [현대인의 성경]

역대하 18장

23. 그 때 그나아나의 아들 시드기야가 다가와서 미가야의 뺨을 치며 "언제 여호와의 성령께서 나를 떠나 너에게 말씀하셨느냐?"하고 물었다
24. 그러자 미가야는 "네가 골방에 들어가 숨을 때에 알게 될 것이다" 하고 대답하였다. [현대인의 성경]

11. 시드기야가 왕위에 오를 때에 나이가 이십일 세라 예루살렘에서 십일 년 동안 다스리며

12. 그의 하나님 여호와 보시기에 악을 행하고 선지자 예레미야가 여호와의 말씀으로 일러도 그 앞에서 겸손하지 아니하였으며

13. 또한 느부갓네살 왕이 그를 그의 하나님을 가리켜 맹세하게 하였으나 그가 왕을 배반하고 목을 곧게 하며 마음을 완악하게 하여 이스라엘 하나님 여호와께로 돌아오지 아니하였고

14. 모든 제사장들의 우두머리들과 백성도 크게 범죄하여 이방 모든 가증한 일을 따라서 여호와께서 예루살렘에 거룩하게 두신 그의 전을 더럽게 하였으며

15. 그 조상들의 하나님 여호와께서 그의 백성과 그 거하시는 곳을 아끼사 부지런히 그의 사신들을 그 백성에게 보내어 이르셨으나

16. 그의 백성이 하나님의 사신들을 비웃고 그의 말씀을 멸시하며 그의 선지자를 욕하여 여호와의 진노를 그의 백성에게 미치게 하여 회복할 수 없게 하였으므로

17. 하나님이 갈대아 왕의 손에 그들을 다 넘기시매 그가 와서 그들의 성전에서 칼로 청년들을 죽이며 청년 남녀와 노인과 병약한 사람을 긍휼히 여기지 아니하였으며

18. 또 하나님의 전의 대소 그릇들과 여호와의 전의 보물과 왕과 방백들의 보물을 다 바벨론으로 가져가고

19. 또 하나님의 전을 불사르며 예루살렘 성벽을 헐며 그들의 모든 궁

실을 불사르며 그들의 모든 귀한 그릇들을 부수고

20. 칼에서 살아 남은 자를 그가 바벨론으로 사로잡아가매 무리가 거기서 갈대아 왕과 그의 자손의 노예가 되어 바사국이 통치할 때까지 이르니라

21. 이에 토지가 황폐하여 땅이 안식년을 누림 같이 안식하여 칠십 년을 지냈으니 여호와께서 예레미야의 입으로 하신 말씀이 이루어졌더라

역대하 24장
유다 왕 요아스(왕하 12:1-16)

1. 요아스가 왕위에 오를 때에 나이가 칠 세라 예루살렘에서 사십 년 동안 다스리니라 그의 어머니의 이름은 시비아요 브엘세바 사람이더라

2. 제사장 여호야다가 세상에 사는 모든 날에 요아스가 여호와 보시기에 정직하게 행하였으며

(…중략…)

15. 여호야다가 나이가 많고 늙어서 죽으니 죽을 때에 백삼십 세라

16. 무리가 다윗 성 여러 왕의 묘실 중에 장사하였으니 이는 그가 이스라엘과 하나님과 그의 성전에 대하여 선을 행하였음이더라.

17. 여호야다가 죽은 후에 유다 방백들이 와서 왕에게 절하매 왕이 그들의 말을 듣고

18. 그의 조상들의 하나님 여호와의 전을 버리고 아세라 목상과 우상을 섬겼으므로 그 죄로 말미암아 진노가 유다와 예루살렘에 임하니라.

19. 그러나 여호와께서 그들에게 선지자를 보내사 다시 여호와에게로 돌아오게 하려 하시매 선지자들이 그들에게 경고하였으나 듣지 아니하니라.

20. 이에 하나님의 영이 제사장 여호야다의 아들 스가랴를 감동시키시매 그가 백성 앞에 높이 서서 그들에게 이르되 하나님이 이같이 말씀하시기를 너희가 어찌하여 여호와의 명령을 거역하여 스스로 형통하지 못하게 하느냐 하셨나니 너희가 여호와를 버렸으므로 여호와께서도 너희를 버리셨느니라 하나

21. 무리가 함께 꾀하고 왕의 명령을 따라 그를 여호와의 전 뜰 안에서 돌로 쳐 죽였더라.

22. 요아스 왕이 이와 같이 스가랴의 아버지 여호야다가 베푼 은혜를 기억하지 아니하고 그의 아들을 죽이니 그가 죽을 때에 이르되 여호와는 감찰하시고 신원하여 주옵소서 하니라

신약시대 하나님의 사람들

예수님께서 초림하여 계실 때 이스라엘의 지도부는 부패할 대로 부패하였습니다.

그러나 그런 열악한 환경 속에서도 하나님에게 믿음을 보인 사람들이 있었습니다.

그들은 예수님께서 정결 의식을 치르기 위해 예루살렘 성전을 방문 하셨을 때 어린 예수를 맞이한 늙은 과부 안나와 시므온입니다.

그리고 그 이전 제사장인 침례자 요한의 아버지와 어머니, 그리고 예수그리스도를 잉태한 마리아와 그의 남편 요셉 등이 있습니다.

이후 그리스도이신 예수님이 임명하신 12제자와 그리스도인 형제들이 있습니다.

이때 세워진 열두 제자는 예수님이 승천하신 후 오순절을 계기로 하나님 교회의 기초로 세워졌습니다.

여기서 한 베드로의 기조연설과 그 후 이방인인 백부장 고넬료를 방문하여 한 그의 연설로 '이 반석 위에 내 교회를 세우'시겠다는 예수님의 예언은 성취되었다고 볼 수 있을 것입니다.

"또 내가 네게 이르노니 너는 베드로라 내가 이 반석 위에 내 교회를 세우리니 음부의 권세가 이기지 못하리라" [마태 16:18]

하지만 고대 광야의 기적을 경험한 이스라엘의 지도자 여호수아가 죽자 곧 배교하는 일이 시작된 것과 같이 마지막 사도가 죽자 바로 배교하는 일이 시작되었습니다.

그 점에 관해서도 데살로니가후서 2장에서는 다음과 같이 예언하고 있습니다.

멸망하는 자들

1. 형제들아 우리가 너희에게 구하는 것은 우리 주 예수 그리스도의 강림하심과 우리가 그 앞에 모임에 관하여

2. 영으로나 또는 말로나 또는 우리에게서 받았다 하는 편지로나 주의 날이 이르렀다고 해서 쉽게 마음이 흔들리거나 두려워하거나 하지 말아야 한다는 것이라

3. 누가 어떻게 하여도 너희가 미혹되지 말라 먼저 **배교하는 일이 있**고 저 불법의 사람 곧 멸망의 아들이 나타나기 전에는 그 날이 이르지

아니하리니

4. 그는 대적하는 자라 신이라고 불리는 모든 것과 숭배함을 받는 것에 대항하여 그 위에 자기를 높이고 하나님의 성전에 앉아 자기를 하나님이라고 내세우느니라.

5. 내가 너희와 함께 있을 때에 이 일을 너희에게 말한 것을 기억하지 못하느냐

6. 너희는 지금 그로 하여금 그의 때에 나타나게 하려 하여 막는 것이 있는 것을 아나니

7. 불법의 비밀이 이미 활동하였으나 지금은 **그것을 막는 자가 있어 그중에서 옮겨질 때까지 하리라**

8. 그 때에 불법한 자가 나타나리니 주 예수께서 그 입의 기운으로 그를 죽이시고 강림하여 나타나심으로 폐하시리라

9. 악한 자의 나타남은 사탄의 활동을 따라 모든 능력과 표적과 거짓 기적과

10. 불의의 모든 속임으로 멸망하는 자들에게 있으리니 이는 그들이 진리의 사랑을 받지 아니하여 구원함을 받지 못함이라

그러나 하나님의 말씀 성경은, 참 그리스도인들은 완전히 멸절되지 않고 마치 곡식과 가라지가 혼재한 것처럼 존재할 것임을 예언하고 있습니다.

마태복음 13장입니다.

24. 예수께서 그들 앞에 또 비유를 들어 이르시되 천국은 좋은 씨를

제 밭에 뿌린 사람과 같으니

25. 사람들이 잘 때에 그 원수가 와서 곡식 가운데 가라지를 덧뿌리고 갔더니

26. 싹이 나고 결실할 때에 가라지도 보이거늘

27. 집 주인의 종들이 와서 말하되 주여 밭에 좋은 씨를 뿌리지 아니하였나이까 그런데 가라지가 어디서 생겼나이까

28. 주인이 이르되 원수가 이렇게 하였구나 종들이 말하되 그러면 우리가 가서 이것을 뽑기를 원하시나이까

29. 주인이 이르되 가만 두라 가라지를 뽑다가 곡식까지 뽑을까 염려하노라

30. 둘 다 추수 때까지 함께 자라게 두라 추수 때에 내가 추수꾼들에게 말하기를 가라지는 먼저 거두어 불사르게 단으로 묶고 곡식은 모아 내 곳간에 넣으라 하리라.

그리고 예수께서는 참 그리스도인들을 위하여 다음과 같은 격려적인 말씀도 하셨습니다.

[마 28:20] 내가 너희에게 분부한 모든 것을 가르쳐 지키게 하라 볼지어다. 내가 세상 끝 날까지 너희와 항상 함께 있으리라.'

지금까지 우리는 고대 족장 시대의 가족 교회에서 광야 교회와 왕조시대의 하나님의 사람들과 신약시대 하나님 교회에 대하여 살펴보았습니다.

우리도 고대 이스라엘 왕들이 저지른 것과 같이 자신이 속해 있는 조직의 사수를 위해 참 하나님의 사람들을 박해하는 일에 동참할 수도 있을 것입니다.

그렇게 하므로 성경에 예언된 형벌을 자초할 수도 있을 것입니다.

"그러므로 의인 아벨의 피로부터 성전과 제단 사이에서 너희가 죽인 바라갸의 아들 사가랴의 피까지 땅 위에서 흘린 의로운 피가 다 너희에게 돌아가리라" [마 23:35]

아니면 비록 수적으로 형편없어 보여도, 때로는 '나 혼자'일지라도 하나님의 아들에게 선의를 보이므로 순한 양 같이 믿음을 나타낼 수도 있을 것입니다.

이들은 노아와 아브라함과 롯과 야곱과 욥이 성공적으로 가족 교회를 이끈 것처럼 자신들의 가족을 영적으로 잘 인도하는 사람이 될 수 있을 것입니다.

고대 다윗, 예레미야, 엘리야, 엘리사, 그 외 고독하게 믿음을 지킨 하나님의 사람들처럼 굳건하게 하나님의 사람으로 살아갈 수도, 자칭 하나님의 교회(조직)에 안주하면서 그들의 온갖 횡포를 묵인 내지 동조하는 사람으로 남을 수도 있을 것입니다.

이제 선택은 모두 우리 자신에게 달려 있습니다.

다시 복음서의 한 성구를 소개하고자 합니다.

"누구든지 하늘에 계신 내 아버지의 뜻대로 하는 자가 내 형제요 자매

요 어머니이니라 하시더라." [마 12:50]

이와 관련한 참조 성구들을 좀 더 살펴보시겠습니다.

요한계시록 2장

에베소 교회에 보내는 말씀
1. 에베소 교회의 사자에게 편지하기를 오른손에 일곱 별을 붙잡고 일곱 금 촛대 사이에 다니시는 이가 가라사대
2. 내가 네 행위와 수고와 네 인내를 알고 또 악한 자들을 용납지 아니한 것과 자칭 사도라 하되 아닌 자들을 시험하여 그 거짓된 것을 네가 드러낸 것과
3. 또 네가 참고 내 이름을 위하여 견디고 게으르지 아니한 것을 아노라
4. 그러나 너를 책망할 것이 있나니 너의 처음 사랑을 버렸느니라.
5. 그러므로 어디서 떨어진 것을 생각하고 회개하여 처음 행위를 가지라 만일 그리하지 아니하고 회개치 아니하면 내가 네게 임하여 네 촛대를 그 자리에서 옮기리라

누가복음 17장
34. 내가 너희에게 이르노니 그 밤에 둘이 **한 자리에 누워** 있으매 하나는 데려감을 얻고 하나는 버려둠을 당할 것이요
35. 두 여자가 함께 맷돌을 갈고 있으매 하나는 데려감을 얻고 하나는

버려둠을 당할 것이니라

[마 7:24] 그러므로 누구든지 나의 이 말을 듣고 행하는 자는 그 집을 반석 위에 지은 지혜로운 사람 같으리니

[마 10:32] 누구든지 사람 앞에서 나를 시인하면 나도 하늘에 계신 내 아버지 앞에서 그를 시인할 것이요

[마 10:42] 또 누구든지 제자의 이름으로 이 작은 자 중 하나에게 냉수 한 그릇이라도 주는 자는 내가 진실로 너희에게 이르노니 그 사람이 결단코 상을 잃지 아니하리라 하시니라

[요 10:9] 내가 문이니 누구든지 나로 말미암아 들어가면 구원을 받고 또는 들어가며 나오며 꼴을 얻으리라

[요 3:16] 하나님이 세상을 이처럼 사랑하사 독생자를 주셨으니 이는 그를 믿는 자마다 멸망하지 않고 영생을 얻게 하려 하심이라

[마 10:37] 아버지나 어머니를 나보다 더 사랑하는 자는 내게 합당하지 아니하고 아들이나 딸을 나보다 더 사랑하는 자도 내게 합당하지 아니하며

[요 14:6] 예수께서 이르시되 내가 곧 길이요 진리요 생명이니 나로 말미암지 않고는 아버지께로 올 자가 없느니라.

이사야 1장

12. 너희가 내 앞에 보이러 오니 이것을 누가 너희에게 요구하였느냐 **내 마당만 밟을 뿐이니라.**

13. 헛된 제물을 다시 가져오지 말라 분향은 내가 가증히 여기는 바요 월삭과 안식일과 **대회로 모이는 것도 그러하니** 성회와 아울러 악을 행하는 것을 내가 견디지 못하겠노라

14. 내 마음이 너희의 월삭과 정한 절기를 싫어하나니 그것이 내게 무거운 짐이라 내가 지기에 곤비하였느니라

15. 너희가 손을 펼 때에 내가 내 눈을 너희에게서 가리고 너희가 많이 기도할지라도 내가 듣지 아니하리니 이는 너희의 손에 피가 가득함이라

16. 너희는 스스로 씻으며 스스로 깨끗하게 하여 내 목전에서 너희 악한 행실을 버리며 행악을 그치고

17. 선행을 배우며 정의를 구하며 학대 받는 자를 도와주며 고아를 위하여 신원하며 과부를 위하여 변호하라 하셨느니라.

두세 사람이 내 이름으로 모인 곳에는
나도 그들 중에 있느니라

(마태복음 18:20)

오늘날 어떤 교파의 주장처럼

'하나님은 지상의 보이는 한 조직만을 통하여 인류에게 구원을 전하신다.'는 주장에 대하여 성서를 통해 다시 살펴보겠습니다.

구약 성경 예레미야 25장입니다

1. 유다의 왕 요시야의 아들 여호야김 넷째 해 곧 바벨론의 왕 느부갓네살 원년에 유다의 모든 백성에 관한 말씀이 예레미야에게 임하니라

2. 선지자 예레미야가 유다의 모든 백성과 예루살렘의 모든 주민에게 말하여 이르되

3. 유다의 왕 아몬의 아들 요시야 왕 열셋째 해부터 오늘까지 **이십삼년 동안 여호와의 말씀이 내게 임하기로 내가 너희에게 꾸준히 일렀으나 너희가 순종하지 아니하였느니라.**

4. 그러므로 여호와께서 그의 모든 종 선지자를 너희에게 끊임없이 보내셨으나 너희가 순종하지 아니하였으며 귀를 기울여 듣지도 아니하였도다.

5. 그가 이르시기를 너희는 각자의 악한 길과 악행을 버리고 돌아오라 그리하면 나 여호와가 너희와 너희 조상들에게 영원부터 영원까지 준 그 땅에 살리라

6. 너희는 다른 신을 따라다니며 섬기거나 경배하지 말며 너희 손으로 만든 것으로써 나의 노여움을 일으키지 말라 그리하면 내가 너희를 해하지 아니하리라 하였으나

7. 너희가 내 말을 순종하지 아니하고 너희 손으로 만든 것으로써 나의 노여움을 일으켜 스스로 해하였느니라. 여호와의 말씀이니라.

8. 그러므로 만군의 여호와께서 이와 같이 말씀하시니라 너희가 내 말을 듣지 아니하였느니라.

위 성구들은 명실상부 하나님의 조직일지라도

당신께서 주신 말씀에 순종하지 않으면 아무 소용없다는 증거로 올려 본 내용입니다.

예레미야가 23년을 전하였으나 한 사람 그의 말에 귀 기울이지 않은 하나님의 조직, 예루살렘은 결국 성전과 같이 멸망하고 말았습니다.

아직도 하나님의 말씀보다, 그들 교회 수뇌부의 가르침에 더 맹종한 고대 이스라엘처럼, 자신들이 속해있는 교단의 가르침에 순종하기만 하면 구원은 자연 따라 온다고 믿으시는지요?

여기서 절대로 간과하지 말아야 할 것은, 고대 이스라엘은 진짜

로 하나님으로부터 인정받은 하나님의 교회였다는 사실입니다.

그러나 그들은 하나님의 말씀에 불순종하므로 버림을 받았습니다.

하지만 오늘날 어떤 교단도 자신들이 하나님으로부터 인정을 받은 하나님의 교회라는 사실을 객관적으로 증명할 수는 없습니다.

오직 하나님만이 마지막 날 그의 믿음의 참됨을 증거 하실 것입니다.

오늘날 누군가가 "당신은 우리 교회를 하나님의 유일한 조직이라 인정하느냐?" 하는 교리 문답에 "예"라고 대답할지라도 자신들이 하나님의 말씀에 합당한 믿음을 보이지 않는다면 그는 고대 이스라엘인들과 같은 운명에 처하게 될 것입니다.

다시 한번 더 강조하는 말이지만
고대 이스라엘은 진짜 하나님의 교회였습니다.

그러나 당시 선지자 예레미야는 예루살렘 거민들에게 이 나라를 포기하고 적국인 바빌론에 항복하라고까지 말하였습니다.

이 예레미야는 당시 하나님의 조직에 연합하여야 살 수 있다고 주장한 왕과 제사장들과 장로들에 대항하여 그 나라를 버리고 적국에 항복하는 길만이 예루살렘 거민이 살아남을 수 있는 길이라고 말하였습니다.

그 이유는, 예루살렘 성읍은 이미 너무나 타락하여 더는 존재할 가치가 없었기 때문입니다.

여기 예레미야의 경고를 그대로 옮겨보겠습니다.

[렘 21:9] 이 성읍에 사는 자는 칼과 기근과 전염병에 죽으려니와 너희를 에워싼 갈대아인에게 나가서 항복하는 자는 살 것이나 그의 목숨은 전리품 같이 되리라

[렘 37:13] 베냐민 문에 이른즉 하나냐의 손자요 셀레먀의 아들인 이리야라 이름하는 문지기의 우두머리가 선지자 예레미야를 붙잡아 이르되 네가 갈대아인에게 항복하려 하는도다.

[렘 37:14] 예레미야가 이르되 거짓이다 나는 갈대아인에게 항복하려 하지 아니하노라 이리야가 듣지 아니하고 예레미야를 잡아 고관들에게로 끌어가매

[렘 38:2] 여호와께서 이와 같이 말씀하시되 이 성에 머무는 자는 칼과 기근과 전염병에 죽으리라 그러나 **갈대아인에게 항복하는 자는 살리니** 그는 노략물을 얻음 같이 자기의 목숨을 건지리라.

[렘 38:17] 예레미야가 시드기야에게 이르되 만군의 하나님이신 이스라엘의 하나님 여호와께서 이와 같이 말씀하시되 네가 만일 바벨론의 왕의 고관들에게 항복하면 네 생명이 살겠고 이 성이 불사름을 당하지 아니하겠고 너와 네 가족이 살려니와

[렘 38:18] 네가 만일 나가서 바벨론의 왕의 고관들에게 항복하지 아니하면 이 성이 갈대아인의 손에 넘어가리니 그들이 이 성을 불사를 것이며 너는 그들의 손을 벗어나지 못하리라 하셨나이다.

[렘 38:19] 시드기야 왕이 예레미야에게 이르되 나는 갈대아인에게 항복한 유다인을 두려워하노라 염려하건대 갈대아인이 나를 그들의 손에 넘기면 그들이 나를 조롱할까 하노라 하는지라

[렘 38:21] 그러나 만일 항복하기를 거절하시면 여호와께서 내게 보이신 말씀대로 되리이다

이런 역사적인 사실은 자신들 교회와 무조건 연합하기만 하면 구원이 있다는 설교가 얼마나 터무니없는 말인지를 극명하게 보여주는 게 아닌가 생각합니다.

그 사람들은 당대에 하나님으로부터 기름 부음을 받은 왕과 제사장이요 하나님의 참 조직의 성원이었습니다. 그러나 고대 이스라엘의 역사적 사건들은 그들이 하나님의 말씀에 부합하는 삶을

살지 않았으므로 그들에게 약속된 구원은 없다는 것을 보여준 너무나 명백한 증거가 될 것입니다.

[계 2:5] 그러므로 어디서 떨어졌는지를 생각하고 회개하여 처음 행위를 가지라 만일 그리하지 아니하고 **회개하지 아니하면** 내가 네게 가서 네 촛대를 그 자리에서 옮기리라

우리 주께서 이미 그 '촛대'를 옮기신 교회,
하나님의 말씀과 멀리 떠나 있는 교회, 그들과의 연합이란 게 무슨 의미가 있겠습니까?
그러나 우리는 절망하지 않습니다.
"두세 사람이 내 이름으로 모이는 곳에는 나도 그들 중에 있느니라"
[마태 18:20]

진짜 하나님의 교회

에스겔 34장입니다.

1. 여호와의 말씀이 내게 임하여 이르시되

2. 인자야 너는 이스라엘 목자들에게 예언하라 그들 곧 목자들에게 예언하여 이르기를 주 여호와께서 이같이 말씀하시되 자기만 먹는 이스라엘 목자들은 화 있을진저 목자들이 양 떼를 먹이는 것이 마땅하지 아니하냐

3. 너희가 살진 양을 잡아 그 기름을 먹으며 그 털을 입되 양 떼는 먹이지 아니하는도다

4. 너희가 그 연약한 자를 강하게 아니하며 병든 자를 고치지 아니하며 상한 자를 싸매 주지 아니하며 쫓기는 자를 돌아오게 하지 아니하며 잃어버린 자를 찾지 아니하고 다만 포악으로 그것들을 다스렸도다

5. 목자가 없으므로 그것들이 흩어지고 흩어져서 모든 들짐승의 밥이 되었도다

6. 내 양 떼가 모든 산과 높은 멧부리에 마다 유리되었고 내 양 떼가

온 지면에 흩어졌으되 찾는 자가 없었도다.

7. 그러므로 목자들아 여호와의 말씀을 들을지어다.

8. 주 여호와의 말씀에 내가 나의 삶을 두고 맹세하노라 내 양 떼가 노략 거리가 되고 모든 들짐승의 밥이 된 것은 목자가 없기 때문이라 내 목자들이 내 양을 찾지 아니하고 자기만 먹이고 내 양 떼를 먹이지 아니하였도다.

9. 그러므로 너희 목자들아 여호와의 말씀을 들을지어다.

10. 주 여호와께서 이같이 말씀하시되 내가 목자들을 대적하여 내 양 떼를 그들의 손에서 찾으리니 목자들이 양을 먹이지 못할 뿐 아니라 그들이 다시는 자기도 먹이지 못할지라. 내가 내 양을 그들의 입에서 건져 내어서 다시는 그 먹이가 되지 아니하게 하리라.

11. 주 여호와께서 이같이 말씀하셨느니라. 나 곧 내가 내 양을 찾고 찾되

12. 목자가 양 가운데에 있는 날에 양이 흩어졌으면 그 떼를 찾는 것 같이 내가 내 양을 찾아서 흐리고 캄캄한 날에 그 흩어진 모든 곳에서 그것들을 건져낼지라.

13. 내가 그것들을 만민 가운데에서 끌어내며 여러 백성 가운데에서 모아 그 본토로 데리고 가서 이스라엘 산 위에와 시냇가에와 그 땅 모든 거주지에서 먹이되

14. 좋은 꼴을 먹이고 그 우리를 이스라엘 높은 산에 두리니 그것들이 그 곳에 있는 좋은 우리에 누워 있으며 이스라엘 산에서 살진 꼴을 먹으리라.

15. 내가 친히 내 양의 목자가 되어 그것들을 누워 있게 할지라. 주 여호와의 말씀이니라.

16. 그 잃어버린 자를 내가 찾으며 쫓기는 자를 내가 돌아오게 하며 상한 자를 내가 싸매 주며 병든 자를 내가 강하게 하려니와 살진 자와 강한 자는 내가 없애고 정의대로 그것들을 먹이리라

17. 주 여호와께서 이같이 말씀하셨느니라. 나의 양 떼 너희여 내가 양과 양 사이와 숫양과 숫염소 사이에서 심판하노라

18. 너희가 좋은 꼴을 먹는 것을 작은 일로 여기느냐 어찌하여 남은 꼴을 발로 밟았느냐 너희가 맑은 물을 마시는 것을 작은 일로 여기느냐 어찌하여 남은 물을 발로 더럽혔느냐

19. 나의 양은 너희 발로 밟은 것을 먹으며 너희 발로 더럽힌 것을 마시는 도다. 하셨느니라.

20. 그러므로 주 여호와께서 그들에게 이같이 말씀하시되 나 곧 내가 살진 양과 파리한 양 사이에서 심판하리라

21. 너희가 옆구리와 어깨로 밀어뜨리고 모든 병든 자를 뿔로 받아 무리를 밖으로 흩어지게 하는도다.

22. 그러므로 내가 내 양 떼를 구원하여 그들로 다시는 노략 거리가 되지 아니하게 하고 양과 양 사이에 심판하리라

23. **내가 한 목자를 그들 위에 세워 먹이게 하리니 그는 내 종 다윗이라 그가 그들을 먹이고 그들의 목자가 될지라.**

24. 나 여호와는 그들의 하나님이 되고 내 종 다윗은 그들 중에 왕이 되리라 나 여호와의 말이니라.

25. 내가 또 그들과 화평의 언약을 맺고 악한 짐승을 그 땅에서 그치게 하리니 그들이 빈 들에 평안히 거하며 수풀 가운데에서 잘지라.

26. 내가 그들에게 복을 내리고 내 산 사방에 복을 내리며 때를 따라 소낙비를 내리되 복된 소낙비를 내리리라.

27. 그리한즉 밭에 나무가 열매를 맺으며 땅이 그 소산을 내리니 그들이 그 땅에서 평안할지라. 내가 그들의 멍에의 나무를 꺾고 그들을 종으로 삼은 자의 손에서 그들을 건져낸 후에 내가 여호와인 줄을 그들이 알겠고

28. 그들이 다시는 이방의 노략 거리가 되지 아니하며 땅의 짐승들에게 잡아먹히지도 아니하고 평안히 거주하리니 놀랠 사람이 없으리라

29. 내가 그들을 위하여 파종할 좋은 땅을 일으키리니 그들이 다시는 그 땅에서 기근으로 멸망하지 아니할지며 다시는 여러 나라의 수치를 받지 아니할지라.

30. 그들이 내가 여호와 그들의 하나님이며 그들과 함께 있는 줄을 알고 그들 곧 이스라엘 족속이 내 백성인 줄 알리라 주 여호와의 말씀이라

누가 진짜 오른 편 양인가?

마태복음 25장

31. 인자가 자기 영광으로 모든 천사와 함께 올 때에 자기 영광의 보좌에 앉으리니

32. 모든 민족을 그 앞에 모으고 각각 구분하기를 목자가 양과 염소를 구분하는 것 같이 하여

33. 양은 그 오른편에 염소는 왼편에 두리라

34. 그 때에 임금이 그 오른편에 있는 자들에게 이르시되 내 아버지께 복 받을 자들이여 나아와 창세로부터 너희를 위하여 예비된 나라를 상속받으라

35. 내가 주릴 때에 너희가 먹을 것을 주었고 목마를 때에 마시게 하였고 나그네 되었을 때에 영접하였고

36. 헐벗었을 때에 옷을 입혔고 병들었을 때에 돌보았고 옥에 갇혔을 때에 와서 보았느니라

37. 이에 의인들이 대답하여 이르되 주여 우리가 어느 때에 주께서 주리신 것을 보고 음식을 대접하였으며 목마르신 것을 보고 마시게 하였

나이까

38. 어느 때에 나그네 되신 것을 보고 영접하였으며 헐벗으신 것을 보고 옷 입혔나이까

39. 어느 때에 병드신 것이나 옥에 갇히신 것을 보고 가서 뵈었나이까 하리니

40. 임금이 대답하여 이르시되 내가 진실로 너희에게 이르노니 너희가 여기 내 형제 중에 지극히 작은 자 하나에게 한 것이 곧 내게 한 것이니라 하시고

한 명이라도 있는지 찾아보아라

예레미야 5장

1. '올바른 사람이 아무도 없다' 여호와께서 말씀하셨다. "너희는 예루살렘 거리를 이리저리 다니며, 두루 살피고, 생각해 보아라.

성의 광장을 모두 뒤져, 정직한 일을 하는 사람이 한 명이라도 있는지 찾아보아라.

진리를 구하는 사람이 한 명이라도 있는지 찾아보아라.

너희가 찾을 수 있다면 내가 이 성을 용서해 주겠다.

2. 사람들은 '여호와의 살아 계심을 두고 맹세한다'고 말하지만 그들의 맹세는 거짓일 뿐이다."

3. 여호와여, 주께서는 사람들 가운데서 진실을 찾고 계시지 않습니까?

주께서 유다 백성을 치셨어도 그들은 아파하지 않습니다.

주께서 그들을 멸망시키셨어도 그들은 교훈을 얻으려 하지 않고 얼굴을 바위보다 더 굳게 하여 하나님께 돌아오기를 거절합니다.

4. 그래서 나는 생각했습니다. "이들은 가난하고 어리석은 백성일 뿐이다.

그들은 여호와의 길을 알지 못한다.

그들은 자기 하나님께서 바라시는 공평이 무엇인지도 모른다.

5. 그러니 내가 유다의 지도자들에게 가 보겠다. 가서 그들에게 말해 보겠다.

틀림없이 그들은 여호와의 길과 하나님께서 바라시는 공평이 무엇인지 알고 있을 것이다." 그러나 그 지도자들도 주님을 배반하고 떠나가기는 마찬가지였습니다.

그들은 주님과 이어진 끈을 끊어 버렸습니다. [쉬운성경]

위 성경 말씀은 기원전 6세기경 예루살렘 사람들의 영적 상태를 말해주고 있습니다.

우리는 이 말씀을 통하여 당시 예루살렘 거민들이 얼마나 그릇된 삶을 살고 있었는지, 그 심각성을 알 수 있습니다.

이런 이유로 하나님은 자신이 선택하신 이스라엘 백성들을 당시 세계 강국인 바빌로니아의 느부갓네살 왕을 불러 완전히 멸망시키셨습니다.

이 사건이 있고 난 약 600년 후 또 한 분 예언자는 다음과 같은 예언의 말씀을 하셨습니다.

"내가 너희에게 이르노니 속히 그 원한을 풀어 주시리라 그러나 인자가 올 때에 세상에서 믿음을 보겠느냐" [눅 18:8]

이 경고의 말씀만큼 우리가 심각하게 받아드려야 할 예언은 없을 것 같습니다.

오늘날 이 지상에는 수많은 교회가 있고 그 신자 또한 엄청나게 많습니다.

하지만 그 교인의 수가 아무리 많더라도 그 숫자는 하나님 보시기에 없는 것과 같을 수 있습니다.

이제 우리는 멸망 직전 예루살렘의 그릇된 생활상을 통하여 오늘날 우리들 교회의 실상 곧 우리 주님께서 염려하신 우리들의 믿음과 영적 상태를 다시 하나하나 점검해 볼 필요가 있지 않나 생각합니다.

1. "올바른 사람이 아무도 없다" 여호와께서 말씀하셨다. "너희는 예루살렘 거리를 이리저리 다니며, 두루 살피고, 생각해 보아라.

성의 광장을 모두 뒤져, 정직한 일을 하는 사람이 한 명이라도 있는지 찾아보아라.

진리를 구하는 사람이 한 명이라도 있는지 찾아보아라.

너희가 찾을 수 있다면 내가 이 성을 용서해 주겠다.

2. 사람들은 '여호와의 살아 계심을 두고 맹세한다'고 말하지만 그들의 맹세는 거짓일 뿐이다." [예레미야 5장. 쉬운성경]

2019년 10월
서울 북한산 기슭에서
황보태조